ZHIYE YUANXIAO CHANQUAN
ZHIDU GAIGE

职业院校产权
制度改革

邵远东————著

成都时代出版社
CHENGDU TIMES PRESS

图书在版编目（CIP）数据

职业院校产权制度改革／邵远东著.—成都:成都
时代出版社,2021.3
ISBN 978-7-5464-2774-4

Ⅰ.①职… Ⅱ.①邵… Ⅲ.①高等职业教育－产权
制度改革－研究－中国 Ⅳ.①G718.5

中国版本图书馆 CIP 数据核字（2021）第 013022 号

职业院校产权制度改革
ZHIYE YUANXIAO CHANQUAN ZHIDU GAIGE
邵远东 著

出 品 人 李若锋
责任编辑 周 慧
责任校对 张 旭
装帧设计 李甲鸣
责任印制 张 露

出版发行 成都时代出版社
电 话 （028）86621237（编辑部）
（028）86615250（发行部）
网 址 www.chengdusd.com
印 刷 河南省环发印务有限公司
规 格 787mm×1092mm 1/16
印 张 9
字 数 200 千
版 次 2021 年 3 月第 1 版
印 次 2021 年 3 月第 1 次印刷
书 号 ISBN 978-7-5464-2774-4
定 价 28.00 元

前　言

　　国家高度重视职业教育,就大力发展职业教育做出了一系列重大部署,职业教育的战略地位不断提高,职业教育改革政策不断出台,但是职业教育办学却存在一些问题。究其原因,一方面是产权界定不清晰;另一方面就是进行改革之后,产生的收益应该如何分配的问题一直没有得到解决。为促进改革的发展,增益我国职业教育改革,本书就职业院校产权问题进行初步研究。

　　职业院校产权问题的实质是教育产权问题(从狭义上讲)。所以,本书第一章区分了产权理论和教育产权理论。伴随着产权制度的完善,职业院校的办学机制也在不断完善。于是在第二章回顾了我国职业教育的历史沿革及现状,以及对西方国家职业教育的借鉴。从产权视角看,我国职业院校可以分为公立职业院校、民办职业院校、独立学院三个大类。第三、四、五章分别研究了这三类主要职业院校的产权制度改革。第六章是对我国职业院校产权制度改革的思考和总结。随着职业院校产权制度的不断完善,我国职业教育改革也一直在稳步推进,但是职业院校产权制度依然存在需要完善的地方,从中可以探究今后我国职业院校产权制度改革的方向和路径。

　　职业院校产权制度改革也是实现依法治国的一个方面,可以把学校从"人治"状态改为"法治"状态,让制度来保障人才的培养,实现职业人才的科学培养。

　　由于职业院校产权制度改革还需进一步深入,以及所选用资料有限,本书还有很多不足之处,寄希望于读者指正。

作　者

目　　录

第一章
产权与教育产权理论

　　教育产权理论由经济学产权理论发展而来,马克思产权理论和西方新制度经济学产权理论是本书产权理论的主要来源。在国家政治经济体制改革的宏观背景下,以马克思产权理论为方法论基础,吸收西方新制度经济学产权理论的精华,是进一步形成教育产权理论的重要基础。

第一节　产权理论概述

　　在经济体制改革之前,经济学界普遍采用马克思理论的所有制和所有权的话语体系,来分析计划经济体制下社会主义国家的经济问题。在计划经济体制下,没有实现企业的所有权与经营权分离,企业是国家行政机构的附属物,没有对本企业资产的独立支配权,谈及国有企业财产权问题时多涉及所有权层面。在市场经济体制下,国有企业要摆脱对国家行政机构的过分依赖和国家行政机构的完全控制式管理,成为独立运营、自主决策、自负盈亏的独立市场主体。国有企业成为独立市场主体的基本条件则是成为独立的产权主体和法人实体。企业只有具备独立发展所必需的财产权并拥有独立享有民事权利和承担责任的法人身份,才能获得真正的自主权并承担起市场主体固有的责任。那么,企业和国家如何划分财产权,才能既保证国家的所有权和收益权,又能使企业成为自主经营、自负盈亏的主体? 如何进行财产权的重新安置,才能最大限度地调动企业的积极性并达到资源的最优配置?

　　经济学界掀起的"产权热"有其现实的针对性,国有企业产权改革一时成为改革的热点。新制度经济学者与马克思主义经济学者有着不同的国有企业改革主张,两种理论的交锋一直伴随着新制度经济学在我国发展。新制度经济学随着 20 世纪 80 年代的"思想解放运动"传入我国,在短期内迅速传播并形成新制度经济学运动,在我国一度掀起新制度经济学热。"可以说,新制度经济学成为在中国最普及的西方经济理论。"[①]

　　新制度经济学理论本身有诸多不完善之处,我国学者在引入时未能对其发展脉络进行认真的梳理,导致对其缺乏深度认识。新制度经济学理论的缺陷在马克思主义经济学

---

①张林.新制度主义[M].北京:经济日报出版社,2006:222.

者的反击中日益显现。马克思主义经济学者认为,新制度经济学"作为一种意识形态工具,其目的不过是要维护现存制度,并向外推行和渗透,扩大意识形态的影响范围,从而强化意识形态本身"。马克思主义经济学者林岗等归纳了马克思主义经济学和新制度经济学的异同,认为它们是产权分析的两种不同范式。

两者有共同之处,都强调制度的重要,把制度安排当作影响经济绩效的重要因素;都把产权关系看作是人与人之间的一种经济关系,把利益问题当作产权关系的核心问题等。从整体上看,这两种理论范式是建立在完全不同的世界观和价值观基础上的,具有完全不同的方法、概念和理论逻辑,是两种对立的理论体系。两者之间的根本区别主要表现在以下几个方面:研究产权问题是坚持个体主义的方法还是坚持整体主义的方法;是经济关系决定法权关系还是法权关系决定经济关系;产权关系是一种交易关系还是一种生产关系;财产权是一种自然权利还是一种历史权利。[①]

新制度经济学受到马克思主义经济学辩证唯物主义和历史唯物主义的影响,但其研究的基本方法论仍是个人主义、功利主义和自由主义。[②] 尽管如此,新制度经济学产权理论使人们关注了从未关注过的研究领域,扩大了产权的研究范围,更新了研究思路,与马克思的产权理论形成了互补。新制度经济学理论虽然存在许多谬误,但其对"外部性"的分析、"交易成本理论"和制度变迁理论等,对我国的经济发展有很大的启示作用。在市场化过程中,制度不健全是制约经济发展与社会全面进步的重要阻碍。制度经济学以制度为重要的研究对象,"从某种意义上讲,制度经济学在本质上就是一种关于制度变革的理论"[③],它对我国经济制度和社会制度的完善有重要的借鉴意义。

马克思产权理论和新制度经济学理论各有所长。马克思产权理论为我们提供了分析产权问题的方法论基础和宽广的视角,纠正了新制度经济学产权理论的偏差,如决定产权结构的不是个人的偏好,而是由社会经济发展状况所决定的劳动方式和生产组织。新制度经济学产权理论则从制度微观层面提供了认识产权制度的不同视角。

一、马克思产权理论

经济学者吴易风对马克思及其产权理论进行了比较全面的概括。马克思是第一位有产权理论的社会学家,马克思的产权理论集中体现为:马克思把产权看成是一组权利的组合,包括占有权、使用权、支配权、经营权、索取权、继承权和不可侵犯权等一系列的权利。在很多情况下,产权可以分解,财产的各种权利可以相互分离。马克思深刻揭示了产权的性质,明确指出财产关系是生产关系的法律用语,产权是生产关系的法律表现,

①林岗,张宇.马克思主义与制度分析[M].北京:经济科学出版社,2001:155 - 156.
②黄少安.产权经济学导论[M].北京:经济科学出版社,2004:11 - 19.
③盛洪.现代制度经济学[M].北京:北京大学出版社,2003:15.

所有权是所有制的法律形态。马克思第一次用历史唯物主义观点研究了财产和财产权,考察了财产和财产权的起源和历史变迁,并做了科学的、系统的论述,系统分析了资本主义以前和资本主义的财产形式。①

马克思对财产和产权历史变迁的分析,开创了对财产关系和财产权的制度性质的研究。他对于产权是不同权利组合的研究,即是对产权具体结构的分析。经济学者刘诗白对此做了详细研究:马克思对历史上财产权的具体形式进行了分析;从所有权、实际占有权等权利的不同组合的角度,即从权利束的角度来进行财产权的分析;劳动方式和经济组织形式决定财产权结构的分析方法。②

马克思不但重视对所有制发展的历史考察,也注重对所有制下的产权具体形式的研究,更重要的是他揭示了产权结构背后的决定力量,即由生产力发展状况和特殊条件所决定的劳动方式和生产组织。马克思产权理论深邃而科学地揭示了产权制度背后的规律,这一成就至今无人能够超越。马克思主义的辩证唯物主义和历史唯物主义为产权理论提供了最根本的方法论指导。西方以产权制度为基本内容的"新制度经济学"在一定程度上受到马克思主义经济学方法论的影响,主要表现在:将制度、人的动机和行为、意识形态、资源配置等联系起来;在基本方法论上具有现实主义因素,与从意识、从既有概念出发的各种唯心主义比较,当然可谓具有唯物主义倾向;把制度作为分析对象,分析制度的产生、发展和变迁,揭示制度的动态性和历史性,与马克思主义经济学对人类社会经济制度产生、演变规律的分析在方法论上有相似之处,尽管它得出的是与马克思主义经济学不同的结论。③

马克思产权理论虽然具有不可超越性,但其提供的多是宏观的规律性、原则性的分析,而对具体经济形态下,尤其是市场经济下的产权形态则缺少深入细致的分析。新制度经济学产权理论所提出的"交易成本理论"和"产权安排与资源配置"等理论,正是建立在对市场经济的聚焦和深入研究的基础上,从而弥补了马克思产权理论的不足。

二、新制度经济学产权理论

西方新制度经济学产权理论较为繁杂,科斯等人的产权理论比较具有代表性。他们从产权结构或产权制度的角度研究资源配置效率,研究如何通过界定、变更产权安排,创造或维持一个交易费用较低、效率较高的产权制度。

(一)交易费用理论

新制度经济学认为市场运行及人与人的交易都需要成本,要通过界定和调整产权规

---

①吴易风.马克思的产权理论与国有企业产权改革[J].中国社会科学,1995(1):4-24.

②刘诗白.主体产权论[M].北京:经济科学出版社,1998:44-48.

③黄少安.产权经济学导论[M].北京:经济科学出版社,2004:20-23.

则,降低交易费用,提高资源配置的效率。而传统的微观经济学在给定的经济人、完全理性人和市场经济制度三个假设前提下,暗含"市场交易费用为零"的假设。即对于市场交易者来说,不存在了解市场信息的困难和交易困难,在完全竞争的自由市场经济背景下,价格机制能自动保证各种资源的配置达到"帕累托最优"状态。而事实上交易费用是客观存在的,传统微观经济学仅仅描绘了美好的市场经济图景,却忽视了对现实问题的解决。

科斯"用理性的思维方法,从企业与市场的关系,从探索人们的不同交易方式的比较和选择的原因的角度,从理论逻辑上证实了市场交易费用存在,创立了交易费用范畴"①。交易费用理论作为一种新的经济学分析方法,得到广泛应用,如用交易费用理论分析企业的产生和规模变动、交易费用与产权制度的变迁和经济增长等。科斯定理详细揭示了交易费用高低与产权安排及资源配置效率之间的相关性。

(二)科斯定理

科斯定理的基本内涵包含在科斯1960年发表的《社会成本问题》一文中。科斯定理并非科斯本人首先使用,不同的经济学家由于理解上的差异,在表述上并不完全一致,学者黄少安将其总结成由三个定理组成的定理组。

1. 解释科斯第一定理

如果市场交易费用为零,不管权利初始安排如何,当事人之间的谈判都会导致那些使财富最大化的安排,即市场机制会自动地驱使人们谈判,使资源配置实现"帕累托最优"。科斯第一定理是局限于"市场交易"这一交易方式而讨论问题的,它能够成立的关键在于"市场交易费用为零"的假设。如果产权的初始安排就能保证最优配置,那么产权交易就没有必要。产权必须通过不断交易或转手而经常流动起来,即调整产权安排才可能不断地使产权安排适合最优配置的要求。由于市场交易费用为零,这使权利的初始安排向新的安排(即人们交易产权)转变,变得没有阻力和代价。这样,即使初始安排对于实现资源配置的"帕累托最优"来说是不合理的,市场机制也会自动地无代价地改变这种初始安排,配置到需要的领域和最有用的人手里。

2. 解释科斯第二定理

科斯对正统经济学的挑战正是从"市场交易费用为零"的假设开始的。对交易费用大于零的世界里的产权安排与资源配置关系的揭示,才构成科斯定理。科斯第二定理的含义是:在交易费用大于零的世界里,不同的权利界定会带来不同效率的资源配置。也就是说,由于交易是有成本的,不同的产权制度下交易成本不同,对资源配置的效率有不

---

①黄少安.产权经济学导论[M].北京:经济科学出版社,2004:152.

同影响。所以,为了优化资源配置,法律制度对产权的初始安排和重新安排的选择是重要的。

交易成本是指在特定制度结构下的交易活动的成本,即产权制度特别是法律化的产权制度成为交易者进行交易的制度框架,所考察的交易成本是在这个框架里从事具体交易活动的成本。为实现配置的理想状态,权利必须让渡或进行交易,这时的交易包括如下两种:

(1)通过市场等价交换,实现资源产权的重新配置。如果产权的初始界定或通过调整后的界定是比较合理的(相对于经济效率而言),那么有两种情况:一种情况是产权的市场交易的客观需求不大,交易次数不多,交易成本也不高;另一种情况是如果交易仍是必需的和大量的,但是制度本身给市场交易者以更多的方便,那么交易成本也会较低。如果既定的产权制度能够提供一个尽可能公平的竞争环境,抑制机会主义行为,那么市场交易双方不但都会降低交易成本,而且不同的交易方为交易而支付代价的不等量状况也会改善,从而减少正交易费用世界里因产权本身的等价交换而导致的交易双方在财富分配状况方面的变化。

(2)人们通过一定方式施加压力,改变现存的产权法律状况,即改变法律对产权的配置。这也是在现存产权制度下的交易活动。一方面,一些要求改变法律状况的人组成一个行动集团,进行内部交易,即组织、策划、谈判,行动集团与司法当局或制度制定者谈判,以求改变法律制度,都是需要交易成本的。另一方面,另一部分人是现存制度的受益者,他们可能组织起来形成行动集团,他们也要进行内部交易并和司法当局或制度制定者谈判,企图阻止法律制度的改变,这也需要交易成本。此外,两个利益集团之间也可能进行谈判,这同样需要交易成本。这些在既有产权制度下为制度保存或改变而进行的交易已经超出市场交易的范围,有些属于政治交易。如果现存制度为交易活动提供便利,将影响交易成本。反之,则可能使交易成本无限上升,或使人们不交易,其结果是人们默默承受这种制度巨大的外在成本(相对于制度制定者来说是外在的),它对资源配置的负影响是可想而知的。

3.解释科斯第三定理

当交易费用大于零时,由政府选择某个最优的初始产权安排,就可能使福利在原有的基础上得以改善,并且这种改善可能优于其他初始权利安排下通过交易所实现的福利改善。如果没有产权的界定、划分、保护、监督等规则,即如果没有产权制度,产权交易将难以进行。也就是说,产权制度的提供是人们进行交易、优化资源配置的前提。不同的产权制度下,人们从事交易活动的成本不一样。合理的、清晰的产权界定有助于降低交易成本,因而激发人们产生界定产权、建立产权规则的热情。但是建立和实行产权制度本身也是需要成本的。这个成本包括两部分:一是在制度的制定和实施的过程中,制度的制定者和实施者(即制度供给者)所直接耗费的成本,即内在成本或私人成本;二是制度的制定和实施给制度接受者造成的资源耗费,而这种耗费又不同于他们在这种制度下进行产权交易的耗费。科斯第三定理给人的启示是:从产权制度自身生产成本的角度,对产权制度做出选择。即使现存制度不合理,但建立新制度的成本大于所能带来的收益,甚至无穷大,那么这种产权制度的变革就是不必要的。

科斯定理"最主要的是告诉人们如何选择制度,这正是科斯定理的本质所在"。虽然科斯定理也存在一些谬误,如继续沿用正统经济学"帕累托最优"的效率标准,产权没有与公平联系起来,忽视了公平问题影响产权的效率这个问题,等等。因此有人总结,科斯对经济学的贡献"与其说是告诉了人们某些结论,不如说是激发了其他人的灵感"。

三、产权的内涵

对产权不同角度和范畴的理解,形成产权的不同内涵。产权是主体通过财产形成的经济权利关系,是权能和利益的组合,是社会性和行为性的权利。

(一)产权的定义

诺思认为"产权本质上是一种排他性权利"[1]。

德姆塞茨认为:"产权是一种社会工具,其重要性就在于事实上它们能帮助一个人形成他与其他人进行交易时的合理预期。这些预期通过社会的法律、习俗和道德得到表达。""产权包括一个人或其他人收益或受损的权利。[2]"德姆塞茨的产权定义强调产权的行为性和个体意义。产权规定人的行为,形成个人的权利范畴,完成个人合理预期。同时产权具有社会性,是一种社会工具。

阿尔钦认为:"产权是一个社会所强制实施的选择一种经济品的使用的权利。"[3]他强调的是产权的社会强制性。

平乔维奇认为:"产权是人与人之间由于稀缺物品的存在而引起的、与其使用相关的关系。"[4]他提示了产权是人与人之间由于物所引起的关系。

菲吕博腾和配杰威齐把产权经济学家各种各样的产权定义归结为:"产权不是指人与物之间的关系,而是指由物的存在及关于它们的使用所引起的人们之间相互认可的行为性关系。产权安排确定了每个人相应于物时的行为规范,每个人都必须遵守他与其他

---

①诺思.经济史中的结构与变迁[M].陈郁,罗华平,等译.上海:上海三联书店,1991:21.
②德姆塞茨.关于产权的理论[J].经济社会体制比较,1990(6):49-55.
③阿尔钦.产权:一个经典注释[M]//科斯.财产权利与制度变迁.刘守英,等译.上海:上海三联书店,1991:166.
④平乔维奇.产权经济学:一种关于比较体制的理论[M].蒋琳琦,译.北京:经济科学出版社,1999:29.

人之间的相互关系,或承担不遵守这种关系的成本。因此,对共同体中通行的产权制度是可以描述的,它是一系列用来确定每个人相对于稀缺资源使用时的地位的经济和社会关系。①"黄少安把产权定义为:"简言之,就是对财产的权利,亦即对财产的广义的所有权——包括归属权、占有权、支配权和使用权;它是人们(主体)围绕或通过财产(客体)而形成的经济权利关系;其直观形式是人对物的关系,实质上都是产权主体(包括公有主体和私有主体)之间的关系。②"

(二)产权是权能和利益的组合③

产权是权能和利益的有机统一。权能就是产权主体对财产的权利或职能,是一个掌握或行使的问题,是带有产权主体意志的行为,回答的是"产权主体必须干什么,能干什么"的问题。产权的利益是产权对产权主体的效用或带来的好处,是一个享受或享有、获取的问题,具体表现为实物的或货币收入的享有或其他方面的满足,回答的是"产权主体必须和能够得到什么"的问题。权能和利益相互依存,内在统一。利益是权能的目的,即产权主体的行为动机,有权是为了有利,利益是使一定权利成为产权内容的条件。有权才有利,权利是获得利益的手段或充分条件,是权利行使的结果或效果。无利益的产权是不存在的。只要社会上还存在不同的利益主体,只要人们还有利益观念,就不会有人对无利益的产权感兴趣。

(三)产权与法权④

产权不是法权或法律意义上的权利,产权是客观的经济权利,法权是得到法律认可和保护的产权。产权与法权的逻辑顺序是:先有产权然后才可能有法权,产权是法权的本源,法权是产权的反映。巴泽尔认为,一般来说法律权利会增加经济权利,但是,对于后者的存在来说,前者既非必要条件,也非充分条件。人们对资产的权利(包括他们自己的和他人的)不是永久不变的,它们是他们自己直接努力加以保护、他人企图夺取和政府予以保护程度的函数。⑤

产权是主体对财产的一组以利益为目的的行为性权利,无论是产权主体的行为和利益,还是产权的客体(即财产),都独立或可以独立于法律而存在。法权是产权的法律硬

①菲吕博腾,配杰威齐.产权与经济理论:近期文献的一个综述[M]//科斯.财产权利与制度变迁.刘守英,等译.上海:上海三联书店,1991:204.
②黄少安.产权经济学导论[M].北京:经济科学出版社,2004:65.
③根据以下资料整理:黄少安.产权经济学导论[M].北京:经济科学出版社,2004:65-66.
④根据以下资料整理:黄少安.产权经济学导论[M].北京:经济科学出版社,2004:69-74.
⑤巴泽尔.产权的经济分析[M].费方域,段毅才,译.上海:上海人民出版社,1997:2.

化形式,是对客观产权关系的意识形态上的反映,对产权也具有保护、规范和调整的作用。客观的产权关系是社会经济关系的核心组成部分,属于经济基础范畴。当这种客观的产权关系获得法律上的认可和保护时,就成为具有法律意义的权利关系,即产权获得了法权的形式。产权不一定都及时地、充分地获得法权形式,即使如此,它照样客观地存在着。产权获得法权形式,使产权更明确、更规范,使产权矛盾的解决更有依据和更有效。

产权结构和制度的出现、存在和变革不取决于国家意志及其法律。法律上的财产权利制度必然以现实产权关系及其发展的趋势为依据。一种产权结构和制度的产生、存在和改变根本上不取决于法律,而是取决于生产力因素及其与生产关系的矛盾运动。法律的权力调整之所以必要,根本原因是社会显示出的产权关系已经发生了变化,原有产权格局导致了产权矛盾以及新的财产出现,从而需要进行产权界定,或者因为原有产权格局导致了资源配置效率下降等。

(四)产权与人权

巴泽尔认为:"划分产权和人权之间的区别,有时显得似是而非。人权只不过是人的产权的一部分。人权可能难以加以保护和进行交换,许多其他资产的产权也是如此。"[①]

我国学者认为:"产权,就是人权,是人的财产权利,它包括三个方面的内容:第一是人的生命权利,或'生存权',这是人的一切权利的基础和前提;第二是人的财产权利,它不仅关乎人的生存,'民以食为天',也是人们追求幸福所必需的主要基础;第三是人的社会与政治的权利。"[②]

"洛克的产权概念,也是布坎南这本书开宗明义要继承的产权概念,包括三个要件:生命权利、基本自由权利、财产权利。"产权等同人权,是大的产权观念,把人的生命权和社会权都视为人的财产的一部分,这时的产权便是人的一切权利的总称。然而人的生命权、政治权利等并非经济学的研究范畴,人的经济权利与广义的人权毕竟不是同一概念范畴。经济学的产权应特指人的财产权利。

第二节 教育产权理论概述

教育产权理论是产权理论在教育领域的具体运用,教育产权是教育产权主体围绕教

---

①巴泽尔.产权的经济分析[M].费方域,段毅才,译.上海:上海人民出版社,1997:16.
②纪坡民.产权与法[M].北京:生活·读书·新知三联书店,2001:10-11.

育产权客体形成的权责利关系。由于产权主体不同和财产性质差异,教育产权的结构和功能与产权的结构和功能相比,既有一般意义上的共性,也存在自己的特殊性。

一、教育产权的含义

(一)教育产权的概念

已有对教育产权概念的研究主要包括以下观点。

(1)教育产权有广义和狭义之分。就狭义而言,教育产权即学校产权。学校产权是在一定国家教育权指导下,学校为履行教育职能而形成的一种财产权利。它经由一定的国家法律所认可,具有法律的权威性和强制性,是依法确立并受法律保护的权利。

(2)教育产权就是拥有已举办起的教育机构财产的权利,即人们围绕特定的教育财产而结成的权利关系。[1]

(3)经济学意义上的教育产权是指教育产业的参与者对稀缺的教育资源及其经营收益各自享有的包括物权和人身权在内的排他性权利集合。[2]

(4)所谓教育产权,它是教育范畴内的经济学概念,是指拥有举办教育机构财产的权利,即人们围绕着教育财产所结成的权利关系。[3]

(5)所谓教育产权,就是教育中人(也包括法人在内)的各项权利的综合。[4]

(6)参与教育活动的社会各主体对教育活动中既存的和生成的各种类型的财产的所有、占有、处分、收益、使用等各种权利配置结构和关系,其本质是确定基于财产形成的各主体间的权利关系,表达的是教育活动领域中产权各权能拥有者对其财产处分的意志。[5]

(7)教育产权,简言之,就是教育财产权利,即参与教育活动的组织和个人围绕教育财产而形成的一组权利关系。[6]

第一种观点是从法律的视角界定教育产权的概念,其他六种观点是从经济学视角界定教育产权的概念。因为产权和法权是不同的,先有产权后有法权,产权可以独立于法权而存在,法权是对产权实施的意识形态化。教育产权应该从经济学的视角进行界定。在经济学视角下,大多数研究者的共识是产权是人们围绕产权客体形成的权利关系,不

---

①张铁明.教育产业论:教育与经济增长关系的新视角[M].广州:广东高等教育出版社,1998:254.

②崔玉平.高等教育制度创新的经济学分析[M].北京:北京师范大学出版社,2002:144-145.

③靳希斌.教育产权与教育体制创新——从制度经济学角度分析教育体制改革问题[J].广东社会科学,2003(2):74-80.

④高金岭.教育产权制度研究[M].桂林:广西师范大学出版社,2004:33.

⑤徐文.教育产权论[M].武汉:湖北人民出版社,2007:68.

⑥徐文.教育产权论[M].武汉:湖北人民出版社,2007:68.

同点是人们对产权主体和客体的界定不同。

这里将教育产权界定为教育产权主体围绕教育产权客体所形成的权责利关系。之所以强调教育产权所形成的权责利关系，是因为以往的界定强调的多是权利关系，把责任和利益作为权利关系的衍生物，隐含在权利关系之内。经济学界对产权的处理也采用这种隐含形式。教育产权之所以强调权责利是源于教育的特殊性，是因为教育发展更多地依赖资源投入而非教育的自给自足或教育盈利，对教育产权主体而言往往是责任为先。利益因权利而生，利益是诱发人们教育产权行为的主要动因，国家法律规定教育不以营利为目的并不等同于教育产权中没有利益。[①] 认同教育产权中的利益是合理规制产权主体行为的基础。

（二）教育产权的主体与客体

教育产权的主体是教育产权权能的行使者，客体是教育财产。研究者对教育产权这一概念的界定模式完全脱胎于经济学的产权界定模式。研究者所做的创新是对教育领域内产权主体该是谁、可以做什么、产权客体包括哪些等问题的回答。已有研究对教育产权的主体和客体的界定主要包括以下观点。

（1）教育财产包括学校或其他教育机构的物质资料（硬财产），也包括该教育机构在办学过程中的学校作风、教育特色以及由此形成的教学经验和教育思想，还有由整个办学（历史）过程凝聚成的良好的"名牌"社会效应等"软财产"。[②]

（2）教育机构主要是指学校、幼儿园及各种培训机构等。若从实际意义分析，教育产权主要是指学校及其他教育机构的财产权，简称"学校产权"或教育组织和机构的财产权利。[③]

（3）其中既包括人们围绕特定的有形教育资产——办学物质条件而结成的权利关系，也包括围绕特定的无形教育资产——如学校风气、传统、特色、声望、地位、影响等而发生的权利关系，还包括教育中个人对自己的知识、能力、兴趣、意愿、权利等方面所有、使用、转让、收益时所拥有的权利束。[④]

（4）教育产权主体就是教育产权的拥有者，即参与教育活动的组织和个人，包括国家（政府）、教育行政机构、教育机构，以及受教育者、教育者、教育管理者等。教育产权客体就是教育产权载体，即教育财产，包括各类有形教育财产如土地、教学设施等，也包括各类诸如

---

①1995 年颁布实施的《中华人民共和国教育法》中规定："任何组织和个人不得以营利为目的举办学校及其他教育机构。"

②张铁明.教育产业论：教育与经济增长关系的新视角[M].广州：广东高等教育出版社,1998：255.

③靳希斌.教育产权与教育体制创新——从制度经济学角度分析教育体制改革问题[J].广东社会科学,2003(2)：74—80.

④康永久.教育制度的生成与变革[M].北京：教育科学出版社,2003：443.

投入到教育活动的人力资本、教育机构的名称、教育特色、教育经验等无形教育财产。[①]

概念界定决定研究范围,对主体和客体、权利束的界定不同,决定了研究者的研究范围和重点不同,也暗示了后续研究者的研究重点已不是对教育产权概念的探讨,而是研究不同教育产权主体和产权客体之间复杂的权利关系体系,以及如何建立能促进教育发展、优化教育资源配置、提高教育资源使用效率的教育产权制度,实现教育产权的功能。

教育产权主体是教育产权的拥有者,包括各级政府、管理机构、教育机构(组织)、教育机构的举办者等。教育者和受教育者也是教育产权主体,他们的产权意志通过教育机构、代表受教育者的民间组织得以表达。教育产权主体的代表可以是法人或自然人,企业产权的主体可以界定为企业法人,但基础教育阶段各学校的法人主体地位仍处于争议之中,所以不能仅通过研究法人财产权来研究教育产权。教育产权客体包括有形教育资产和无形教育资产。有形资产是办学的物质条件,包括土地、建筑、教学设施等;无形资产包括教育机构的特色、经验、品牌等知识产权,也包括学校的债权。

(三)广义与狭义的教育产权

已有的研究从对教育产权客体的不同界定,把教育产权分为广义和狭义两部分。

广义的教育产权包括劳动力产权,即劳动者对劳动力这一特殊财产形式的权利组。狭义的教育产权指围绕教育资本而形成的学校产权,即对特定学校的财产权利,是参与学校投资、经营、管理的各个活动主体围绕学校的教育财产形成的所有权、占有权、使用权、处分权、收益权等权利关系和结构。这里的学校除包括全日制中小学和高等学校外,还包括幼儿园、非正规学历教育机构、培训机构等一切从事教育活动的机构。[②]

广义的教育产权把劳动者拥有的劳动所有权和支配权也包括在教育产权研究的范围内,如崔玉平博士认为产权包括人身权,康永久博士把教育中个人对自己的知识、能力、兴趣、意愿、权利等方面所有、使用、转让、收益时所拥有的权利束也包括在产权范围内。这是延续了洛克定义的广义产权。

二、教育产权结构

教育产权结构揭示产权主体和客体的具体构成以及主客体间的立体关系网络,反映教育产权的具体状态,是深度分析教育产权状况的主要依据。教育产权结构受社会生产力状况等多种因素制约,多种因素的综合作用形成了今天的教育产权结构。

[①]徐文.教育产权论[M].武汉:湖北人民出版社,2007:68.
[②]杨丽娟.关于教育产权若干问题的探讨[J].教育与经济,2000(1):12-16.

（一）教育产权主客体之间的关系结构

结构是系统内各构成要素的组织状况和关系状况。教育产权是产权主体围绕教育财产(产权客体)所形成的权责利关系。教育产权结构是教育财产和教育产权主体的构成以及主体与客体之间的复杂关系网络,产权主客体之间的纵横交错的关系构成教育产权结构。

产权结构一般分成宏观结构和微观结构。产权的宏观结构是全社会范围内各种产权和产权主体的分布和构成,包括全社会有什么类型的财产,各有多少;产权主体的结构如何。产权的微观结构是单一财产或单一主体的产权结构,包括特定财产的权利结构和特定产权主体的产权结构。社会所有制不同,产权主体的结构也不同。即使是同一社会所有制结构,在不同国家或同一国家的不同时期,产权主体的结构也是不同的。产权的宏观结构还包括宏观上产权的分离组合和委托代理结构、所有权的宏观结构等。产权的宏观结构制约产权的微观结构。①

分析教育产权结构可以从教育财产结构和教育产权主体结构两个方面进行。教育财产结构包括教育财产的类型,各类型财产由多少权利(责任)项组成,各权利项之间是什么关系,不同权利项之间的组合分离状况如何,等等。教育财产结构在社会发展的不同阶段是不同的。随着社会生产力的发展、人类认知能力的提高和社会发展的需要,教育财产从最初的物资形态变为包括物质财产、人力资产、知识产权等许多种类。各类教育财产的权利项的聚合构成,如所有权、使用权、支配权、收益权等,随着社会生产力的发展,从原始的统一走向分离。拥有教育财产所有权的国家或个人,把教育财产的使用权、支配权赋予各类学校。学校不但能使用教育财产,还能对其进行支配、处理,根据学校需要改变教育财产的具体形态。

教育产权主体结构指教育产权主体的构成、各主体所拥有的权利项以及教育产权主体的内部财产权利结构。教育产权主体包括自然人、各种法人甚至国家。现阶段的教育产权主体包括代表国家的各级政府、教育主管部门和学校等各类教育机构、私人团体、社会机构等。各教育产权主体并非拥有同等的财产权利,不同的主体拥有不同的权利项。主体拥有的财产类型、财产多少和权利项的不同,构成教育产权主体间的产权关系。就单一教育产权主体而言,其内部的财产权利结构决定每个产权主体能否有效地行使或管理其产权。

教育产权结构是教育产权主体和客体间形成的立体结构,没有教育产权主客体之间的权责利关系,就不能形成具体的教育财产结构和产权主体结构。教育产权结构不是固定不变的,而是具有动态性,不同时间和地点的教育产权具有不同的产权结构。教育产

---

①黄少安.产权经济学导论[M].北京:经济科学出版社,2004:183-191.

权结构的变化意味着产权的主客体关系、教育财产结构、产权主体结构都发生相应的改变。教育产权结构受社会生产力的发展、社会分工的变化、人们对教育需求的改变、所有制的变动等许多因素的影响而变化。教育产权结构如果滞后于这些变化,将影响教育资源的配置效率,所以对教育产权结构的调整应该积极而有意识地进行。

(二)教育产权结构的决定因素

教育产权结构的决定因素,首先是社会生产力和教育发展状况。社会生产力的发展水平和社会分工程度从宏观上决定财产的种类和权利项类别、聚合程度,教育发展状况从微观上决定教育产权的实际结构状况。

其次是产权的宏观结构,它同样受社会生产力发展水平和社会分工程度的制约,对教育产权结构发挥着更直接的决定作用。产权宏观结构的财产结构制约教育财产结构,当非物质财产如知识产权、信誉、名誉等没有成为宏观的财产种类时,教育财产也不可能出现这些类别。产权主体结构更是如此,中华人民共和国成立之初的公私合营和人民公社化运动逐步取消了私有制,各种类型的学校全部变成国有,私人不可能成为教育产权主体。近年来随着国家宏观产权主体结构的变化和民办教育的蓬勃发展,私人和各类教育集团等公司法人成为教育产权主体,教育产权主体的内涵扩大了。其他宏观的委托代理结构、所有权的宏观结构等也制约着教育产权结构,宏观委托代理制中的代理原则、权利归属、监督机制等都决定着微观教育产权结构的具体形式。宏观狭义所有权存在不同形式,如在借贷关系中的债权、股份制中的股权、承包制中的发包权、租赁制中的出租权等,决定了教育产权中也可以存在如上形式的权利。

再次,国家教育行政体制特点也是决定教育产权结构的重要因素。各国教育行政体制的特点决定该国教育产权结构的特点,如果是集权的形式,教育产权也是聚合型的;如果是分权的形式,则教育产权多分属于地方和学校。

最后,产权主体的相对产权行使能力、产权代理成本与收益之间的对比等因素也决定着教育产权结构。如果教育产权主体的产权行使能力不足,主体需要将部分产权分离出去,由别人代理行使。产权代理的成本与收益之间的对比,也决定了产权主体是否采用委托代理的形式和采取何种类型的委托代理形式。

三、教育产权的主要功能

教育产权的功能主要有界定功能、约束功能和激励功能等。教育产权的界定功能是对产权主体所有权、占有权、使用权、支配权、收益权归属情况的确定,使产权主体权责利关系明确化、清晰化,使教育产权实现有效排他,即界定功能发挥了应有作用。教育产权的界定功能是教育产权约束功能和激励功能发挥作用的基础,没有界定,约束就没有依据,激励也就无法实现。教育产权的约束功能体现在主体的权利不是无限的,而是在一定范围和程度内的权利。产权主体只能在产权界定和社会允许的范围和界限内行事。教育产权的激励功能体现在,主体通过行使权利和履行义务来实现自己的受益预期,从而对其产权行为产生强化作用。

教育产权有资源配置的作用,通过教育产权的界定,财产权被分割给不同的产权主体,形成各种权利组合方式,进而实现资源配置。随着教育规模的不断扩大,教育资源配置变得日益复杂和重要。为节省交易成本,使教育成本尽可能内部化,教育资源配置的方式需要不断变化,以提高教育资源的利用效率。优化教育资源的配置,主要通过不断优化教育产权的功能来实现。

教育产权的界定、约束和激励等功能是教育产权内在具有的,"一种产权安排或一种产权结构,就是一种功能状态"。优化教育产权的功能,实际上是优化教育产权关系或产权结构,适度地改变产权的格局,包括重新划分、界定教育产权或改变教育产权的划分、界定和保护规则,加强教育产权规则的执行力度等。

第二章
职业院校办学体制与职业教育

我国高等职业教育是伴随着我国经济和社会发展而逐步产生的,尤其是改革开放以来,一大批以"面向经济、服务地方、以培养技术应用型人才"为培养目标的职业类大学的出现,标志着我国高等职业教育开始发展。其逐步发展成为我国高等教育队伍中的一支生力军,为我国改革开放以及区域经济和社会发展贡献了重要的力量。

第一节　高等职业教育历史沿革

截至目前,我国高等职业教育发展包括四个发展阶段:初创起始阶段、广泛探索阶段、大力发展阶段和深化内涵阶段。

一、初创起始阶段(1980—1987 年)

我国的改革开放使高等职业教育产生和发展成为可能,首先改革开放突破制度藩篱的约束,改变了只有中央政府和省级政府可以举办高等院校的规定,开创了省属城市也可创办高校的先河。我国第一家由地方创办的高等职业教育院校是金陵职业大学,于1980 年 8 月在南京市成立,翻开了我国高等职业教育的新篇章。随后,江汉大学、无锡职业大学等 10 余所短期职业大学相继产生。

1983 年,在国家教委、国家计委、财政部和对外经济贸易部四部委的联合推动下,我国开始利用世界银行贷款促进我国职业大学发展,高等职业教育迅速向其他省域扩展。广东、河南、湖北、福建等省紧随其后也纷纷创办高等职业院校,河南省很快就有了6 所地方高等职业院校。1985 年,《中共中央关于教育体制改革的决定》明确指出:"逐步建立起一个从初级到高级、行业配套、机构合理又能与普通教育相互沟通的职业技术教育体系。"该文件对改变专科、本科结构比例不合理的状况起到了重要的指导作用。高等职业院校扩展到 22 个省、自治区、直辖市,共建立包括高等职业技术师范院校、短期职业大学和高等技术专科学校在内的 127 所高等职业院校[①]。

此阶段,高等职业教育发展刚刚起步,为我国职业教育和高等教育的改革进行了有

[①]崔岩.高等职业教育集团化办学研究[M].北京:高等教育出版社,2012:3.

益的尝试。虽然办学规模还比较小、教学设施还不完备、教学资源还不到位,办学方式基本采用"短期、收费、走读、自主就业"等方式,但是高等职业教育不但没有止步不前,反而实现了自我发展,逐步开展了有益探索。

二、广泛探索阶段(1988—1994 年)

1988 年,我国不仅出台政策和法规加以引导,而且还通过公共媒体予以宣传和鼓励,通过项目研究对高等职业院校的人才培养质量予以评估。在此期间,高等职业院校数量增加到 132 所,短期职业大学也发展成为我国高等职业教育的主力军。在 132 所高等职业院校中,有 119 所是职业大学,所占比率高达 90%。同时也逐步把高等职业教育纳入对我国教育体制进行改革的总体框架,在改革开放中规范它的健康发展①。

国家教委于 1990 年 11 月发布的《关于加强普通高等专科教育工作的意见》指出:"现有大多数短期职业大学在服务对象、培养目标、培养模式、毕业生去向等方面与普通高等专科学校区别甚微……—部分应办成以培养高级技艺型人才为目标的高等职业教育;一部分根据需要,经过上级主管部门审定并报国家教委批准,可以明确为普通高等专科学校。"

1991 年,国务院《关于大力发展职业技术教育的决定》发布,1993 年国务院颁布《中国教育改革和发展纲要》,明确提出 20 世纪末我国职业教育的发展目标,以及职业技术教育是现代教育的重要组成部分,各地要积极发展多样化高中后教育,对未升入高等学校的高中生要进行职业技术培训等内容。

1994 年,国务院召开全国教育大会,明确提出"通过现有职业大学、部分高等专科学校和独立设置的成人高校改革办学模式,调整培养目标来发展高等职业教育。仍不满足时,经批准利用少数具备条件的重点中等专业学校改制或举办高等职业班的方式作为补充",即后来被统称为"三改一补"的发展高等职业教育基本方针,拓宽了高等职业教育的办学发展道路,为下一步高等职业教育的大力发展奠定了政策基础。

三、大力发展阶段(1995—2005 年)

1995 年,国家密集出台有利于高等职业教育发展的政策和文件,极大地促进了职业教育的快速发展。首先是国务院颁布的《中国教育改革发展纲要》重申"各地要积极发展多样化高中后教育,对未升入高等学校的高中生要进行职业技术培训。贯彻'三改一补'高等职业教育的发展基本方针,积极发展高等职业教育"。国家教委随后发布的《关于开展建设示范性职业大学工作的通知》指出:"开展示范性职业大学的建设工作是在专业改革的基础上,建设一批示范性学校,逐步带动职业大学总体水平的提高,促进职业大学的

---

① 崔岩.高等职业教育集团化办学研究[M].北京:高等教育出版社,2012:3.

发展。"1996 年国家教委提交的《关于发展高等职业教育的汇报提纲》中指出："现在各方面对发展高等职业教育的一些主要问题已取得基本一致的认识。高等职业教育是在高中阶段教育基础上实施的职业教育,是职业教育的高层次,是高等教育的重要组成部分,我国需要发展高等职业教育。"

1996 年,我国颁布《中华人民共和国职业教育法》,第一次从法律上明确了高等职业教育的地位。将职业学校教育划分为初等、中等、高等职业学校教育,高等职业教育由高等职业院校或者普通高等学校来实施。1998 年我国颁布《中华人民共和国高等教育法》,非常明确地提出高等职业教育是高等教育的组成部分,确认高等职业教育的高等教育属性。

1999 年年底,全国第一次高职高专教育教学工作会议召开,教育部部长亲自推动高等职业教育进一步发展,强调高等职业教育对我国经济和社会发展所做出的巨大贡献,发展高等职业教育非常必要而且紧迫。

高等职业院校由 1999 年的 474 所发展到 2005 年的近千所,发展速度惊人,一方面乐观地看,高等职业院校的数量和招生数量均已接近普通高等学校的数量和招生数量;另一方面也应该看到,迅速的规模扩张带来了教学条件、师资力量、办学水平等一系列发展问题,这也为下一阶段深化高等职业教育质量提升和内涵发展提出新的要求。

四、深化内涵阶段(2006 年至今)

2006 年 11 月,教育部、财政部发布的《关于实施国家示范性高等职业院校建设计划加快高等职业教育改革与发展的意见》(教高〔2006〕14 号)指出:必须清醒地认识到,目前我国高等职业院校办学条件相对较差,"双师型"专业教师数量不足,质量保障体系不够完善,办学机制改革有待突破,等等,严重制约了高等职业教育的健康发展。提高高等职业教育质量,增强高等职业院校服务经济社会发展的能力,实施国家示范性高等职业院校建设计划,加快高等职业教育改革与发展。按照地方为主、中央引导、突出重点、协调发展的原则,选择办学定位准确、产学结合紧密、改革成绩突出、制度环境良好、辐射能力较强的高等职业院校进行重点支持,带动全国高等职业院校办出特色,提高水平。从全国 1 200 余所高等职业院校中确定 100 所国家示范性高等职业院校,开展高等职业教育质量提升工程。

2006 年 12 月,教育部发布《关于全面提高高等职业教育教学质量的若干意见》(教高〔2006〕16 号),同样针对高等职业教育的教育质量,要求高等职业教育必须深刻认识高等职业教育全面提高教学质量的重要性和紧迫性;必须加强素质教育,强化职业道德,明确培养目标;服务区域经济和社会发展,以就业为导向,加快专业改革与建设;加大课程建设与改革的力度,增强学生的职业能力;大力推行工学结合,突出实践能力培养,改革人才培养模式;深化校企合作,加强实训、实习基地建设;注重教师队伍的"双师"结构,改革人事分配和管理制度,加强专兼结合的专业教学团队建设;加强教学评估,完善教学质量保障体系;切实加强领导,规范管理,保证高等职业教育持续健康发展。

2010 年 5 月,教育部出台《关于开展高等职业教育专业教学资源库 2010 年度项目申报工作的通知》(教高司函〔2010〕129 号),主要是为落实教育部、财政部《关于实施国家示范性高等职业院校建设计划 加快高等职业教育改革与发展的意见》(教高〔2006〕14 号)要求,深化高等职业教育教学改革,加强专业与课程建设,推动优质教学资源共建共享,提高人才培养质量,决定启动高等职业教育专业教学资源库建设项目。专业教学资源库建设项目是由国家示范高等职业建设院校牵头组建开发团队,吸引行业企业参与,整合社会资源,在集成该专业全国优质课程建设成果的基础上,采用整体顶层设计、先进技术支撑、开放式管理、网络运行的方式进行建设,是促进专业教学改革、提高教学质量的重要抓手,是扩大国家示范高等职业院校建设成果辐射效应和服务全国高等职业战线的有效途径。

2010 年 8 月,教育部、财政部发布的《关于进一步推进"国家示范性高等职业院校建设计划"实施工作的通知》(教高〔2010〕8 号)指出,为更好地适应我国走新型工业化道路,实现经济发展方式转变、产业结构优化升级,建设人力资源强国发展战略的需要,进一步扩大国家重点建设院校数量,加快高等职业教育改革与发展,全面提高人才培养质量和办学水平,更好地发挥高等职业院校在培养高素质高级技能型专门人才,促进就业、改善民生,构建终身教育体系和建设学习型社会等方面的重要作用。新增 100 所左右骨干高等职业建设院校,推进地方政府完善政策、加大投入,创新办学体制机制,推进合作办学、合作育人、合作就业、合作发展,增强办学活力;以提高质量为核心,深化教育教学改革,优化专业结构,加强师资队伍建设,完善质量保障体系,提高人才培养质量和办学水平;深化内部管理运行机制改革,增强高等职业院校服务区域经济社会发展的能力,实现行业企业与高等职业院校相互促进,区域经济社会与高等职业教育和谐发展。

2011 年 9 月,教育部、财政部发布《关于支持高等职业学校提升专业服务产业发展能力的通知》(教职成〔2011〕11 号)文件指出,以提升专业服务产业发展能力为出发点,整体提高高等职业院校办学水平和人才培养质量,提高高等职业教育服务国家经济发展方式转变和现代产业体系建设的能力,重点支持高等职业学校专业建设,根据"中央政策引导、省级统筹管理、学校具体实施"的项目建设原则,围绕现代农业、制造业发展重点方向、战略性新兴产业、生产和生活性服务业等重点领域和地方经济社会发展需要,支持一批紧贴产业发展需求、校企深度融合、社会认可度高、就业好的专业进行重点建设,推动高等职业学校创新体制机制,加快人才培养模式改革,整体提升专业发展水平和服务能力,为国家现代产业体系建设输送大批高端技能型专门人才。中央财政投入 20 亿元,直接促进全国高等职业教育整体质量的提升。

2012 年 7 月开始每年年中发布《中国高等职业教育人才培养质量年度报告》,并形成了质量年报定期发布制度。质量年报将中国高等职业教育整体办学质量情况予以报告，而且是从第三方客观、公正的角度，向教育行政管理部门、职业院校的举办方、用人单位、学生及家长等利益相关方发布，意义非凡。这是中国高等职业教育在高速发展、取得一定成就的基础上，梳理过去、厘清现状、展望未来的一种努力与尝试，传达了高等职业教育战线坦诚面对公众，认真承载社会责任，勇于面对未来挑战的坚定信心。2012 年的质量报告包括概览与历程、学生与发展、学校与改革、政策与项目、成效与贡献、挑战与展望等六个部分。报告从培养目标的恰当定位、学校的努力创新和政府的重点支持等角度，分析了高等职业教育在逆境中探索生存空间、服务空间和发展空间。从 2012 年开始，国家示范校和国家骨干校 200 所高等职业院校发布本校质量年度报告，2013 年开始辐射到省级示范高等职业院校发布本校质量年度报告，2014 年辐射到公办高等职业院校发布本校质量年度报告，2015 年包括所有民办高等职业院校在内都要发布本校质量年度报告，基本形成高等职业院校质量年度报告的全覆盖和省区的全覆盖。质量年度报告在肯定成绩的同时，不回避问题。质量年度报告逐年指出高等职业教育质量提升面临的主要问题：2012 年的《质量年度报告》指出了制约学校发展的师资队伍、管理能力、办学理念三大瓶颈；2013 年的《质量年度报告》主要聚焦政府经费投入和学校办学自主权的不足；2014 年的《质量年度报告》直陈高考生源危机、"升本"诱惑和应用本科压力等问题；2015 年的《质量年度报告》进一步指出高等职业教育面临依法行政、依法办学方面的挑战。这些挑战由内至外，提醒各高等职业院校及时发现并着力解决相关问题。

　　2014 年 5 月，国务院出台《关于加快发展现代职业教育的决定》（国发〔2014〕19 号），主要为了解决职业教育结构不尽合理、质量有待提高、办学条件薄弱、体制机制不畅等问题。要求职业教育必须坚持以立德树人为根本，以服务发展为宗旨，以促进就业为导向，适应技术进步和生产方式变革以及社会公共服务的需要，深化体制机制改革，统筹发挥好政府和市场的作用，加快现代职业教育体系建设，深化产教融合、校企合作，培养数以亿计的高素质劳动者和技术技能人才。以"政府推动、市场引导，加强统筹、分类指导，服务需求、就业导向，产教融合、特色办学，系统培养、多样成才"为原则，加快发展现代职业教育，到 2020 年，形成适应发展需求、产教深度融合、中职高职衔接、职业教育与普通教育相互沟通，体现终身教育理念，具有中国特色、世界水平的现代职业教育体系。

　　2014 年 6 月，教育部出台《现代职业教育体系建设规划（2014—2020 年）》，为构建现代职教体系指明了方向。建立现代职业教育体系，是促进现代职业教育服务转方式、调结构、促改革、保就业、惠民生和工业化、信息化、城镇化、农业现代化同步发展的制度性安排，对打造中国经济升级版，创造更大人才红利，促进就业和改善民生，加强社会建设和文化建设，满足人民群众生产生活多样化的需求，实现中华民族伟大复兴的中国梦都具有重要意义。总体目标是：牢固确立职业教育在国家人才培养体系中的重要位置，建立人才培养立交桥,形成合理教育结构,推动现代教育体系基本建立、教育现代化基本实现。具体分两步走:第一步,到2015年,初步形成现代职业教育体系框架。现代职业教育的理念得到广泛宣传,职业教育体系建设的重大政策更加完备,人才培养层次更加完善,专业结构更加符合市场需求,中高等职业教育全面衔接,产教融合、校企合作的体制基本建立,现代职业院校制度基本形成,职业教育服务国家发展战略的能力进一步提升,职业教育吸引力进一步增强。第二步,到2020年,基本建成中国特色现代职业教育体系。现代职业教育理念深入人心,行业、企业和职业院校("中等职业学校和高等职业学校"统称为"职业院校",下同)共同推进的技术技能积累创新机制基本形成,职业教育体系的层次、结构更加科学,院校布局和专业设置适应经济社会发展需求,现代职业教育的基本制度、运行机制、重大政策更加完善,社会力量广泛参与,建成一批高水平职业院校,各类职业人才培养水平大幅提升。

2014年8月,教育部出台《关于开展现代学徒制试点工作的意见》(教职成〔2014〕9号),包括充分认识试点工作的重要意义、明确试点工作的总要求、把握试点工作内涵、稳步推进试点工作、完善工作保障机制五个部分。现代学徒制有利于促进行业、企业参与职业教育人才培养全过程,实现专业设置与产业需求对接、课程内容与职业标准对接、教学过程与生产过程对接、毕业证书与职业资格证书对接、职业教育与终身学习对接,提高人才培养质量和针对性。建立现代学徒制是职业教育主动服务当前经济社会发展,推动职业教育体系和劳动就业体系互动发展,打通和拓宽技术技能人才培养和成长通道,是推进现代职业教育体系建设的战略选择,是深化产教融合、校企合作,推进工学结合、知行合一的有效途径,是全面实施素质教育,把提高职业技能和培养职业精神高度融合,培养学生社会责任感、创新精神、实践能力的重要举措。试点工作内涵:积极推进招生与招工一体化,"招生即招工、入校即入厂、校企联合培养",与合作企业共同研制招生与招工方案,扩大招生范围,改革考核方式、内容和录取办法;深化工学结合人才培养模式改革,根据技术技能人才成长规律和工作岗位的实际需要,共同研制人才培养方案、开发课程和教材、设计实施教学、组织考核评价、开展教学研究;加强专兼结合师资队伍建设,打破现有教师编制和用工制度的束缚,探索建立教师流动编制或者设立兼职教师岗位,加大学校与企业之间人员互聘共用、双向挂职锻炼、横向联合技术研发和专业建设的力度,由学校教师和企业师傅共同承担,形成双导师制;形成与现代学徒制相适应的教学管理与运行机制,实行弹性学制或者学分制,创新和完善教学管理与运行机制,探索全日制学历教育的多种实现形式。

2015年6月,教育部出台《关于深入推进职业教育集团化办学的意见》(教职成〔2015〕4号),对职业教育集团化办学的重要意义、实现形式、服务能力和保障机制等四个方面给予了宏观指导和政策支持。开展集团化办学是深化产教融合、校企合作,激发职业教育办学活力,促进优质资源开放共享的重大举措;是提升治理能力,完善职业院校治理结构,健全政府职业教育科学决策机制的有效途径;是推进现代职业教育体系建设,系统培养技术技能人才,完善职业教育人才多样化成长渠道的重要载体;是服务经济发展方式转变,促进技术技能积累与创新,同步推进职业教育与经济社会发展的有力支撑。加快发展现代职业教育,要把深入推进集团化办学作为重要方向。职业教育集团化办学要坚持以服务发展为宗旨,以促进就业为导向,以建设现代职业教育体系为引领,以提高技术技能人才培养质量为核心,以深化产教融合、校企合作,创新技术技能人才系统培养机制为重点,充分发挥政府推动和市场引导作用,本着加入自愿、退出自由、育人为本、依法办学的原则,鼓励国内外职业院校、行业、企业、科研院所和其他社会组织等各方面力量加入职业教育集团,探索多种形式的集团化办学模式,创新集团治理结构和运行机制,全面增强职业教育集团化办学的活力和服务能力。

2015 年 10 月,教育部出台《高等职业教育创新发展行动计划(2015—2018 年)》,计划包括总体要求、主要任务与举措、保障措施等三方面内容。计划坚持政府推动与引导社会力量参与相结合,坚持顶层设计与支持地方先行先试相结合,坚持扶优扶强与提升整体保障水平相结合,坚持教学改革与提升院校治理能力相结合。通过三年建设,高等职业教育整体实力显著增强,人才培养的结构更加合理、质量持续提高,服务“中国制造2025”的能力和服务经济社会发展的水平显著提升,促使高等教育结构优化的成效更加明显,推动现代职业教育体系日臻完善。

2018 年,教育部等六部委联合发布《职业学校校企合作促进办法》,该文件是关于我国职业教育实施产教融合的首个法规性文件,为职业教育实施校企合作、产教融合发展提供了具体操作性依据和法律保障。

2019 年,国务院印发《国家职业教育改革实施方案》,提出到2022 年培育数以万计的职业教育产教融合型企业,推动建设300 个具有辐射引领作用的高水平专业化产教融合实训基地和300 个示范性职业教育集团(联盟)。

第二节　职业院校办学的现状

一、高等专科学校的地区分布分析

我国高职院校的地区分布比较均衡,具有良好的发展基础[①]。对我国高等专科学校的地区分布进行分析,发现高等专科学校在东部地区分布的比例比较高,和中部地区及

---

①王雪萍.我国高等专科学校发展的现状研究:基于18—19 世纪法国高等专科学校的比较视野[J].中华少年,2015(24):232 - 233.

西部地区相比,其所占的比例要高出7%和17%,在地区分布上,由东到西呈现梯度分布态势。这说明我国高等专科院校在整体上,东部地区的职业院校数量比较多,具有更大的发展规模。高等专科学校的地区分布的均衡度要比我国高职专科院校的整体水平更优,说明我国的高等专科学校具有形成合力的良好基础,这对于高等专科学校的整体快速发展非常有利。

二、高等专科学校在校学生规模分析

高等专科学校的在校生规模比较大,和全国高职院校在校生规模相比要高出近20%,并且在校生规模的均衡度比较高。和全国高职院校相比,高等专科学校的在校学生数比较均衡,规模最小的学校和规模最大的学校相差不大。教育部在《高等职业学校设置标准(暂行)》中规定,新建的高职院校在4年内全日制在校学生的规模应该在2 000人以上。目前,我国高等专科学校对于这一标准的达标率比较高,达到85%以上,和全国高职院校的达标率相比要更高。高等专科学校规模在2 000人以下的学校所占的比例较小,明显比高职院校相同规模的比率更小。高等专科学校在校生规模为4 000~8 000人,所占的比例要比高职院校的更高。所以,从在校学生平均规模的分布来看,高等专科学校的规模分布更为合理,并且具有较好的均衡性,呈现规模均衡度高的优势。

三、高等专科学校的专业性和行业性特点分析

在人才培养方面,高等专科学校主要培养专业型的人才,所以其具有较强的行业性特点和专业性特点。首先,高等专科学校中师范类院校所占的比例最大,超过30%;其次是医药类院校,所占的比例也达到了20%;最后就是工科类院校、政法类院校和财经类院校所占的比例较高。高等专科学校基本上是以师范、医药、工科、政法和财经院校为主,政法、工科、医药等专业的专业性非常强,具有明确的服务对象,凸显鲜明的专业特色,能够培养具有特色的专业性人才。

四、高等专科学校招生就业的稳定性和平衡性分析

高等专科学校的招生就业情况也是人们研究的重要课题。对高等专科学校的招生就业情况用招生数和毕业生数之比来进行分析,招生数和毕业生数之比能够较好地将招生、就业的平衡性表现出来,而这个指标能够衡量高等专科学校发展是否协调、稳定,是高等专科学校办学实力、办学基础和办学能力的重要体现。当招生数和毕业生数之比接近1时,说明该高等专科学校发展的稳定性较强,越接近1说明稳定性越强。从目前的情况来看,我国高等专科学校的招生数和毕业生数之比为1.58,全国高职院校的招生数

和毕业生数之比大于2,这就说明了我国高等专科学校的发展要比高职院校的发展更为稳定,学校的招生就业情况相对比较平衡。高等专科学校的招生数要比高职院校的招生数略高。有70%的高等专科学校的招生数维持在1 000～3 000人,说明高等专科学校的招生情况比较平衡和稳定。

五、办学主体分析

我国高等专科学校的办学主体以政府为主,其比例达到90%以上,常见形式是依托政府相关业务主管部门,包括公安部门、卫生部门、交通部门和教育部门。以政府为主体办学的高等专科学校能够将教育和经济有效结合,同时结合地方的建设规划来发展学校,在人才的培养上也能够和区域的产业经济发展相适应,有针对性地为地区的产业发展培养高素质的人才。这不仅能够进一步推动区域的经济和产业发展,同时对于高等专科学校的学生来说,也能够在一定程度上解决其就业问题。当然,以政府为主体办学的高等专科学校也存在着一定的局限性,即依靠政府来办学不能满足人们对高等专科教育的全部需求,并且在政府的主导下,高等专科学校的办学定位往往缺乏个性化,趋同性现象非常严重,这不利于高等专科学校市场化机制的形成。

六、教师队伍建设状况分析

《高等职业学校设置标准(暂行)》中规定,新建高职院校4年内专任教师应该达到100人。大部分高等专科学校都达到了这个标准,高等专科学校的生师比为4∶1,要比高职院校的生师比略高,教师队伍的整体水平接近[1]。对高等专科学校的专任教师学历结构水平进行分析可知,研究生所占的比例达到15%以上,比高职院校的比例要高,专科及以下学历所占的比例要比高职院校的比例更小。从整体上来看,高等专科学校的专任教师学历结构水平要比高职院校的水平更高。

第三节 职业院校办学的借鉴与改革

研究西方各国职业技术教育的发展历程,分析其职业技术教育的办学管理体制,对于建设我国适应市场经济发展要求的职业院校办学管理体制具有重要的借鉴意义。

---

[1]黄芳.我国高等专科学校发展的现状特征研究[J].职教论坛,2007(11):42-45.

一、西方国家职教管理体制

（一）二战前西方各国的职教办学管理体制

西方国家的职业教育的雏形也是学徒制。但随着西方各国工业革命的兴起，工业生产从手工作坊生产过渡到工厂机械车间生产，机械生产对工人技术要求的变化导致传统学徒制的衰落。对具有单一专门技能的生产熟练工的需求直接引发了现代世界职业教育体制的建立。由于各国的教育文化传统及具体国情等的差异，各国的职业技术教育各有其特点。

1. 法国职业技术教育的集权体制

法国政府素有干预教育的传统。早在 1679 年法国政府就创立了炮兵技术学校，在路易十五时期（1715—1774）又建立了五所同样的学校。1747 年建立了土木学校，1748 年创办了梅奇埃尔工兵学校，1751 年建立了巴黎军官学校，1765 年开办了造船学校，1773 年建立了海军士官学校。1778 年政府又特许矿物学家塞奇建立矿山学校。上述办学过程中，法国政府还进行了职业技术教育制度化的尝试。比如梅奇埃尔工兵学校和矿山学校就规定了招生对象、修业期限及教学内容等。

在以后的各个历史时期，法国政府陆续建立了很多职业技术学校，还对职业技术学校的建设进行了很多制度性规定。例如，1880 年制定了《徒工手工学校和初等学校补习学校法》，1897 年制定了《手工业者保护法》，1919 年 7 月 25 日通过的《阿斯蒂埃法案》更是标志着国家技术教育制度的正式形成。1925 年颁布的《徒工税法》进一步解决了职业技术教育的经费问题。1937 年的《瓦尔特—保兰法》把手工业领域的青年职业培训义务化，1938 年又把这种培训义务化扩大到整个工业部门。总之，通过政府对技术教育的干预，法国建立了集权体制的职业技术教育体制。

2. 英国分散的职业技术教育体制的形成

英国政府在技术教育方面的做法与法国政府形成鲜明的对比：一是英国政府介入技术教育的时间晚；二是英国政府倾向于间接管理，而不是直接办学。财税政策和考试制度是政府管理职业技术教育的两大法宝。

19 世纪中期以前，英国一切形式的职业技术教育都是由民间或工商界提供的。19 世纪中期以后才开始形成政府与民间互补、中央与地方合作的职教体制。1850 年办的矿山学校是英国政府办学的最早记录。1888 年英国颁布《地方政府法》，确定了中央和地方政府共同负担和管理包括职教在内的公共事业的行政体制。1889 年颁布《技术教育法》，规定成立专门的技术教育委员会，独立负责技术教育的管理。1902 年的《教育法》规定建立作为中央教育行政机构的教育委员会,进一步理顺了包括技术教育在内的教育体制。至此,英国的职业技术教育制度基本形成。

在财税法律和政策方面,1890年的《地方税收法》为职业技术教育提供了经费保障。伦敦等地方还建立了职业技术教育奖学金制度,为职业技术教育的稳定发展提供了保障。在资格证书制度方面,早在1852年英国政府就授权科学工艺部对各种教育机构的毕业生进行考试,以便确定对教育机构进行资助的数额。1856年成立的工艺协会获得了颁发高级证书的权力;1902年《教育法》又授予地方教育当局和地方协会低级技术证书的考核权。从1921年起,工业技术员讲习所又开始实施国家资格证书的考试。通过以上的财税法律和资格证书制度,英国建立起了具有英国特色的分散的职业技术教育体制。

3. 美国自上而下全民参与的职业技术教育体制

由于美国最初是一个殖民地,大多数人口都是从欧洲等地移民而来,因而劳动力普遍不足。为了发展社会生产力,美国急需找到解决劳动力不足的方法,技术应用就成为一个很好的出路。美国民间和地方政府的这种对技术开发和技术教育的认识,积极推动了全国职业技术教育发展和职业技术教育制度的建立。

1905年马萨诸塞州议会的调研报告确认了技术教育的重要性,提出了建立专门的技术教育管理委员会,发展地方公共产业学校,鼓励社团设立产业学校。1909年正式确立了普教、职教单轨制的中等教育体制。1862年通过的联邦《莫雷尔法案》和1887年通过的《第二莫雷尔法案》,其核心是要解决职业教育发展的经费问题,政府通过经费支持来促进和管理农业及工业教育。《莫雷尔法案》为美国职业技术教育的政策与立法奠定了基本思路与模式。1917年2月通过的《史密斯—休斯法案》正式确立了美国职业技术教育的体系与制度,大大促进了美国职业技术教育的发展,为后来的美国职业技术教育发展奠定了基础。1917年6月还成立了专门的联邦职业教育委员会,由农、工、商、教四方代表和市民代表组成,旨在协调和合力推进职业技术教育。

4. 日本职业技术教育的赶超战略

日本是一个后起的资本主义国家,其全部的职业教育体系及制度都是从欧美等国引进的,因而具有一定的赶超性。

(1)企业办学先于学校办学。日本为了快速地解决企业技术人员不足的问题,直接在企业内部进行职业技术培训。例如,1867年日本的横须贺造船厂办起了培养技术工程师和技术员的教育设施,聘请荷、法、英等国的技术专家传授造船、西式纺织、化工等技术;1876年又在纸币局设立了学场,培养技术工人,传授图学、画法、机械使用等印刷技术。正是这些企业内部的职业技术教育培养了大批熟练的技术工人,促进了日本工业的独立自主发展。

(2)学校职业技术教育制度的形成。1879年颁布了《教育令》,随后建立了一批新型大学和专门学校,之后又建立了一些高等学校和专门学校,如1872年创办的工部大学和法律学校。1903年的《专门学校令》则进一步确立了专门学校的任务。《职业技术学校章程》(1893)和《学徒学校章程》(1894)的颁布,更是使得德川时代的学徒制完全转变为现代学校初等技术教育。1894年,日本仿照欧美各国制定了《职业技术教育津贴法》,为初级职业技术教育的发展提供了强有力的经费支持。1895年又重新颁布了全面的《职业学校令》。至此,日本的赶超型职业技术教育战略取得了成功,日本基本上形成了初、中、高三个层次的职业技术教育,并踏上了稳步发展的道路。

(二)二战后西方各国职业技术教育体制的定型

第二次世界大战使世界各国认识到技术在战争中的巨大威力。战后,不仅战胜国努力提升本国的科学技术实力,战败国也更加重视技术的发展,以便能尽快地从废墟中站立起来。各国重视科学技术发展的态度及政策,进一步促进了职业技术教育在战后西方各国的发展和定型。

1. 英国战后职业技术教育的发展

英国曾为"日不落帝国",在第二次世界大战中虽然取得了胜利,但其自身实力也受到了巨大的损失。二战后,英国在资本主义世界的地位大不如前。为了发展科技,振兴经济,改善和提高在世界政治、经济中的地位,英国政府对其战前的职业技术教育政策进行了全面的反思,结合本国的实际需要,建立了实施多层次、多形式、多品种的职业技术继续教育(主体),普通教育兼施中等职业技术教育和生计教育,同时兼施高等专业技术教育(辅助)的职业技术教育体制。经过调整,使个人职业、专业技术的发展需求与本地产业和经济的发展实现了较为和谐的结合,从而推动了整个英国经济的发展。

1944年颁布的《巴特勒法案》确立了职业技术教育在中等教育和继续教育中的法律地位。1945年又针对高级技术教育体制中存在的问题提出了所谓的"柏西报告",该报告的建议实施形成了战后英国产学合作的职业技术教育管理体制。而1959年的"克鲁塞报告",主要涉及义务教育结束后青少年的职业技术教育问题,即培养初级、中级技术员和熟练工人的问题。1964年的《产业训练法》和1973年的《就业与训练法》则对企业内部职业技术培训做出了详细的规定,使得职工的职业技术训练与其他劳动力供求紧密联系起来,同时也把为企业服务的培训工作与为个人就业服务的培训工作有机地统一起来进行管理,以便使所有的利益相关者(即企业、工会、职工、地方当局)的共同利益得以兼顾。

1988 年的《教育改革法》在英国的中学体制中正式引入"城市技术学院"。它作为由企业和政府共同投资、直属教育部的一种私人资助的公立学校,主要以技术教育为导向。它迎合了市场理论、新职业主义和现代经济发展的需求,成为英国中等职业技术教育改革与发展的新趋势。

2. 德国的职业技术教育

德国的技术水平在世界上是首屈一指的。德国前总理科尔说:"德国人民所具有的文化素质和发达的职业技术教育是促成联邦德国今日强盛的关键所在。"正因为职业技术教育的重要性,德国社会上上下下都高度重视职业技术教育。在各方的支持下,德国形成了一个从学徒培训到中等和高等职业教育的多阶段、多功能、形式多样、结构复杂的完备体系。德国职业技术教育最显著的特色就是"双元制"职业技术教育模式。

"双元制"职业技术教育是指一种企业与非全日制学校合作进行职业技术教育的模式。受培训者以学徒的身份在企业内部进行职业技能和相应知识的培训,以更好地掌握"怎样做"的问题。同时,又在职业学校里以学生的身份学习与专业有关的理论知识和普通文化教育,理解"为何要这样做"的问题。这是一种将企业与学校、理论知识与实际操作相结合的职业技术教育方式,有"学中干"的特点。正是由于其实践与理论相结合的特点,受培训者的学习效果比较好。在企业与学校的合作中,企业占主导地位。学生在企业和学校的时间比一般是 3:2 或 4:1,或采取离职进修的形式。在这期间学生能获得相当于正式工人起点工资的 20%~40%。

3. 美国单轨制的职业技术教育模式

与大多数西方资本主义国家不同的是,美国没有自成体系的独立的职业技术教育系统,它的职业技术教育是与普通教育融合在一起的。这种美国特色的单轨制的职业技术教育模式是美国在借鉴和改造欧洲国家职业技术教育制度的基础上形成的,对实现教育民主化、促进资本主义的发展以及加速教育的现代化进程发挥了巨大的作用。

美国的单轨制职业技术教育按阶段可分为两部分:一部分是以综合中学为主体的中等职业技术教育,主要培养熟练工人和初等专业人员;另一部分属于高中后阶段,以社区学院为主,主要培养高级技术人才。在综合中学的职能设置中,规定了普通教育、职业教育、升学教育等三种职能。针对不同科类的学生,实行不同的教学内容。而社区学院作为普及高等教育和提高社区成员文化水平的高等教育机构,以其灵活的办学方式和广泛的适应性为美国步入终身学习的文化社会提供了有效的途径。

二、职业院校办学体制的改革

(一)深化办学体制改革,实现办学主体多元化

劳动者个人是劳动力资源的所有者,其对自身劳动力有完全的自主权,凭借自身劳动在劳动市场中获得相应报酬。随着经济体制改革的深化,企业不再依附于政府,成为经济活动中的法人实体和市场竞争的主体。劳动者个人和企业主体地位的确定,使他们自身具有了各自的利益追求和行为方式。个人、企业、政府间相互关系的转变,引发和呼唤办学体制的改革。

过去,学生、家长不直接分担教育成本,也没有更多的选择;现在,面向市场就业,交费上学,自然要权衡利弊,自主选择教育途径、学校和专业。过去,学校没有自筹经费的责任,没有承担招生与学生就业风险的责任,而今天则争取办学自主权。在社会主义市场经济条件下,多元办学主体的总体利益是一致的,彼此相互促进。但是,由于参与角度和价值取向不同,各主体的参与在某种程度上起着相互制约的作用。相互促进,有助于形成强大的发展合力;相互制约,则可以保证发展方向并兼顾各主体的利益。

职业教育多元办学体制建立在就业和职业教育(不完全的市场)两个市场的基础上,以各主体"责、权、利对等"的关系为基点。市场经济主体趋利避害,政府在协调多元主体关系中起着决定性作用。如何调动各主体的积极性,如何兼顾各方利益是政府在市场经济下办好职业教育的第一项责任。

第二届世界技术与职业教育大会《建议书》指出:"技术与职业教育政策的制定与实施,需要通过政府、企业、社会间的新的合作伙伴关系实现。尊重各办学主体的愿望和要求,保护职业教育供给方和消费方的利益,是调动行业、企业、社会力量办学和公民个人接受职业教育积极性的根本所在,也是我们制定各项政策、法规的出发点。"

(二)建立多样化的职教体系

市场经济条件下,职业教育的体系取决于基础教育的普及程度、多元办学主体的需求和劳动市场的需求。我国已基本普及九年义务教育,正向高中阶段教育普及化和高等教育大众化迈进;以初中后分流为主,小学后、初中后和高中后三级分流将在一定历史时期并存。因此,多元办学主体的需求和劳动市场的需求是多样化的、不断变化的,职业教育体系是多样化的、灵活的、发展的。职业教育体系不可照搬,一切要从本地区、本行业的实际出发。

发展和完善现有职业教育体系,需要妥善处理好对原有模式的改革和对新模式成长的促进之间的关系。尤其在促进新模式成长问题上,要鼓励创办学历教育与培训教育、

职前教育与职后教育、就业为主与升学为主一体化的地方社区职业技术院校,鼓励创办大行业特色突出的、专业化程度高的多科职业技术院校(包括中职与高职),鼓励创办以产教结合、半工半读、创业教育为特色,面向非正规劳动市场的职业学校。

(三)逐渐改变政府直接管理学校的局面

管理体制改革的关键是转变政府职能,在政府和学校之间建立公法性的中介组织,重点是建立行业性的管理组织,成立政府支持下的董事会组织。对各类职业教育实行行业性管理将成为制度创新的重要任务。

(四)建设多方筹措资金的新机制

党的十五大提出按劳分配与按生产要素分配相结合,这是在社会主义分配制度上的重大突破。借鉴这一新思路,我们应在职业技术教育办学管理体制上采取新举措。职业教育属于非义务教育,是一种选择性教育,理应实行成本分担的经费筹措机制。特别是在供小于求或供给不足的部分专业或学校,在招生制度与缴费上学制度上可采取公正与效益兼顾的方针,把握好标准与尺度。

(五)建立以职业能力为中心的教学体系

职业技术教育的教学信条是"重素质也要重能力,重知识更要重技能"。因此,在教学中不仅要注重加强学生的素质教育,而且要注重学生的能力培养;不仅要重视传播知识,而且要重视传授技能。在此办学思想的指导下,学校应采取"以能力为中心"的培养模式,即以适应社会需求为目标,以培养技术应用能力为主线,设计学生的知识结构、能力结构和素质结构,优化和整合教学计划,从而使毕业生成为适应面宽、技术应用能力强、综合素质较高、创新和发展能力较强的实用型人才。具体做法是:针对岗位(群)需要和专业培养目标,进行能力结构分析,在此基础上确定课程体系和课程内容。

(六)实施弹性学制和学分制

弹性学制和学分制是新时期职业技术教育改革的发展方向,其本质是贯彻以人为本的原则,在承认个体差异的基础上关心每一个学生的成长、成才、就业和发展,使每一个学生都能得到适合自身特点的最佳教育和全面发展。

第三章
公立职业院校产权制度改革

第一节 公立职业院校产权主体及关系

一、公立职业院校产权主体

(一)举办者

教育关乎社会发展的方方面面,在发展中起引领作用。首先,教育意味着人才培养。通过人才培养,提高劳动者素质,进而普及、发展科技,提升国家创新能力,增强综合国力。因此,人才是强国的根本,教育水平直接关系到国家的实力。其次,教育作为一项特殊的文化事业,具有文化传承、文明传递功能。教育的这种特殊性决定了教育主权必须由国家控制,为国家所有。国家所有权是属于全民共有财产在法律上的表现,主要用来指所有者对共有财产的占有、使用、收益和处分的权利。但是国家作为一个抽象的主体,难以直接行使所有权,因此,必须通过法律授权国家机关和企事业单位来代为行使。《中华人民共和国物权法》(以下简称《物权法》)第45条规定:"国有财产由国务院代表国家行使所有权;法律另有规定的,依照其规定。国家所有权的行使,应当由国务院代表国家在法律授权的范围内行使国有财产的权利。"

政府是国有财产所有权的实际掌控者,也是主要的管理主体。《物权法》第39条规定:"所有权人对自己的不动产或者动产,依法享有占有、使用、收益和处分的权利。"国家举办的学校,所投入的资产、资源归国家所有,政府以国家代理人的身份参与学校管理,对国有资产、资源具有名义所有权和实际控制权;对于社会其他力量出资兴办的高等学校,其所有权归属于兴办者,学校拥有完全的法人产权地位。

政府在促进产教融合发展中是以行政主体身份出现的,因此,其有权制定教育产权制度。教育产权由国家所有,政府作为国家代理人可以按一定的政治程序来决定能够行使相关权利的主体和不能够行使相关权利的主体。公立高等院校作为一种国家拥有的资产,是由国家投资兴办的,政府可以凭借所有权对高等院校实施经营、组织、监督和控制等一系列活动。《中华人民共和国高等教育法》第13条和第14条也对政府在高等教育中的权力进行了规定,确立政府作为国有产权的代理人对高等院校和高等教育进行管理。政府与其他教育产权主体的产权地位是平等的,对学校与企业合作过程中涉及学校中国有资产的资源有部分决策权。其参与决策的权力主要体现在有权参与学校的投资计划、投资方向和筹资方式,对学校实施的教育活动可以采用行政监督手段进行监督。

(二)经营者

教育主权为国家所有,学校必须服从国家意志。学校教育是国家表达意志、传播主流意识的一种载体,国家通过教育方针、教育管理体制和资源控制等方式对学校进行控制,进而形成学校权利的界定。《中华人民共和国高等教育法》第 30 条规定"高等学校自批准设立之日起取得法人资格",学校作为一个独立的教育组织,主要面向社会提供教育服务,必须有一定的权利空间,拥有独立的可以自由支配的资产权利,才能实现对效率和效益的内在需求。高等教育的产权集中在政府手中,政府是高等院校的出资人,是教育产权的实际所有者。公立学校作为政府代理者,其主要权利是从政府产权中派生的,即按照政府的委托行使代理权。《物权法》第 54 条规定:"国家举办的事业单位对其直接支配的动产和不动产,享有占有、使用以及按照法律和国务院的有关规定收益、处分的权利。"结合《中华人民共和国民法通则》中对法人的规定,它是具有民事权利能力和民事行为能力,依法独立享有民事权利和承担民事义务的组织。

综上,学校作为服务于公益性的事业单位法人,对学校资源和资产的诉求以学校法人所有权的形式来出现。高等院校作为政府的代理人,其法人产权表现为对教育资源拥有独立排他性权利,依法享有对法人财产的占有、使用、收益和处分权。其具体权利规定如下。《中华人民共和国高等教育法》第 38 条规定,高等学校对举办者提供的资产、国家财政性资助、受捐赠财产依法自主管理和使用。在《关于深化高等教育领域简政放权放管结合优化服务改革的若干意见》和《中央部门所属高校国有资产处置管理补充规定》中对资产处置权进行了规定,高校可以自主处置已达使用年限、应淘汰报废的资产,处置收益归学校使用。此外,还对资产处置权限金额进行了规定。《教育部直属高等学校国有资产管理暂行办法》规定:单项固定资产损失低于 50 万元,高校负责人有权进行处置,但要报教育部备案,经过审核汇总后再报财政部备案;单项固定资产损失超过 50 万元低于200 万元,高校无权自行处置,只能提出处理意见,由政府相关部门批准后才可处置。教师个人科研项目中购置的单价 10 万元以下的科研设备,在达到使用年限并且应淘汰的,可由项目负责人自行处置,处置收益由该项目或参与者留用。其中涉及科研成果转化资产处置的,按《中华人民共和国促进科技成果转化法》中的有关规定执行。其第 18 条指出:"国家设立的研究开发机构、高等院校对其持有的科技成果,可以自主决定转让、许可或者作价投资,但应当通过协议定价、在技术交易市场挂牌交易、拍卖等方式确定价格。"

教育部关于印发《教育部直属高等学校国有资产管理暂行办法》的通知中规定,高校利用固定资产、无形资产对外投资、出租、出借,单项或批量价值在 500 万元以下,由高校审批并报教育部备案,教育部审核后报财政部备案;单项或批量价值在 500 万元到 800 万元之间的,高校审核后报教育部审批,审批后报财政部备案;单项或批量价值在 800 万元以上的,经高校和教育部审核后,报财政部审批。

办学体制的多元化丰富了公立学校的办学模式。学校具体的教育教学活动中的资源和资产不再只由政府提供,其他投资主体的加入使得产权结构越来越复杂,公立高校资产所有权在归国家所有的基础上也出现多元化的状态。企业投入资源,加入高等学校的人才培养中。源于产权的可交易性,双方在合作过程中,学校将特定产权从其他产权中分离出来与企业进行交易,获取企业的支持。对于合作中企业投入的捐赠类资产,所有权归学校所有。《中华人民共和国高等教育法》第 63 条规定,"高等学校所办产业或者转让知识产权以及其他科学技术成果获得的收益,用于高等学校办学",合作中运用双方资源产生的资产增值部分,根据规定属于高等学校的收益,用来自主办学,学校内部工作者没有私分增值部分的权力。教育活动的效应在于提升接受教育服务的人的能力。因人力资本不能与人本身剥离,双方通过合作共同培养的人才作为一种产出,人力资本所有权归人才所有,学校只有通过与所有权人交易来获得相应权利。

学校设立后就成为财产实体和法人,并与出资者在财产上完全分离,进而形成彼此相互独立的不同所有者,各自具有独立的法律地位。国家所有权即法律意义上的所有权拥有主体,拥有对其出资的所有权,并通过出资对学校拥有所有权,赋予学校的只是经营权。但由于学校在行使经营权时,必然要实际占有、使用、处置所有者投入的资产,这在事实上就使得国家必须授权学校在行使经营权时所必要的所有权权能。一方面是国家作为所有者,另一方面是学校法人所有者因出资而形成了委托代理的内部关系,两种所有权存在明显的差异。国家拥有所有权,也就是说学校所拥有的财产的最终权属于国家。在初始出资时,学校的财产由国家投入。这也就决定了,若学校不再存在,其最终的财产由国家所有。

(三)参与者

产权效应的关键在其权能配置是否合理,配置和结构是不是具有激励性,这直接关系到主体目标的达成。市场经济条件下,企业作为独立的社会营利组织参与人才培养,投资教育活动,希望通过教育投资实现自己的价值目标,这符合经济人的假设和追求利益最大化的诉求。在利益最大化目标的驱使下,企业最关注的是自己财产的增值。为实现增值,投入资产的占有权和使用权归谁所有就不是很重要了。只要能实现财产增值,可以将占有、使用、处分权与学校进行交易,企业只把握收益权。但企业在人才培养过程中,若缺少其他权能的辅助则不能实现人才培养目标,达到对收益的追求。因此,企业用一部分资源的所有权换取合作中相关财产(如知识产权)的使用权和处置权。按照合作中投入的和生成资产的有形、无形以及资产与人的关系,可分为有形资产、知识性资产和人力资本三类。企业与学校在合作过程中,为了实现特定的人才培养目标,对合作过程中投入的有形资产和各类资源,按照其投入物权变动性质,可分为捐赠类资产和投入类资产。对于捐赠类的资产,企业不再拥有所有权;投入类资产如无特别说明,其所有权仍归企业所有。作为合作产出的人力资本是一个特殊的存在,它与物质资本一样具有稀缺性和生产性。但与物质资本相比,人力资本与所有者不可分离,具有主观能动性,会随着所有者主观意愿流动到非合作企业,其外部性收益会被其他企业获得。人力资本的其他权利对企业没有拥有和控制的必要,只要有人力资本的使用权就可以满足企业获得收益的诉求。

二、中央、地方、学校的产权关系变迁

我国计划经济体制下的学校及其产权制度是照搬苏联模式建立的。中华人民共和国成立后,通过接办国民党政府遗留下来的公立学校、改私立学校为公立学校,以及收回帝国主义国家创办的学校等方法,初步建立起了社会主义学校体系及其产权制度。这里所指的学校是1949—1992年的学校。

这一时期,对学校产权制度进行了一系列的改革,但主要是围绕所有权与经营管理权是由中央还是地方行使,产权关系的调整也就主要表现在中央和地方政府与学校的关系调整上。这些改革并未触及学校内部的产权结构,因而学校内部的产权结构并未改变。

这一时期的中小学校的建立与发展经历了以下几个阶段。

(一)1949—1958年,我国公立学校及其集中管理体制建立

中华人民共和国成立以后,中央政府采取"维持现状,逐步改造"的方针,首先接办了国民党政府遗留下来的所有各级公立学校。从1952年下半年开始,逐步将全国私立中小学改为公立,私立高等学校则是在1951年、1952年的院系调整中全部改为公立。这样,教育大权就牢牢地掌握在无产阶级手中。对于受帝国主义控制的学校,政务院于1950年12月做出《关于处理接受美国津贴的文化教育救济机关及宗教团体的方针的决定》,首先处理了接受美国津贴的学校,将其收回自办。接着,政务院又发布《接受外国津贴及外资经营之文化教育救济机关及宗教团体登记条例》,开始处理接受其他外国津贴的学校,将其全部收回自办。至此,结束了帝国主义百年来对我国的文化侵略,完全收回了教育主权。

接管改造工作完成后,进行了多方面的教育改革。在管理体制方面,实行集中统一领导管理体制。凡制定教育方针政策、教育规划、教育规章制度等,完全由中央负责;办学体制,以中央和地方政府办学为主;招生和毕业生分配体制,实行统一招生、统一培养、统一分配;人事劳动体制,实行统一标准,统一工资标准。这一阶段对高等学校的管理强调集中统一,主要由教育部和国务院各部委直接管理。1950 年 7 月 28 日,政务院做出了《关于高等学校领导关系问题的决定》,强调"全国高等学校以由中央人民政府教育部统一领导为原则",并决定"中央人民政府对全国高等学校(军事院校除外)均负有领导的责任"。1953 年 10 月 11 日,政务院公布了《关于修订高等学校领导关系的决定》,继续强调对全国高等学校实行统一与集中的管理,并确定了中央高等教育部与中央有关部门分工负责管理学校的领导体制。

(二)1958 年至"文化大革命"前,对高度集中的教育管理体制进行改革

这一阶段,教育改革方面主要以毛泽东同志的观点为基本出发点,并以苏联为鉴,对教育管理体制进行了改革。其主要内容是:下放教育管理权力,实行中央集权和地方分权相结合的原则,改革以条条为主的管理体制,加强地方对教育事业的管理,充分发挥中央和地方两个积极性。早在 1956 年,毛泽东同志在《论十大关系》中就指出,集中计划经济体制的弊端在于"权力过分集中"。他指出,"应当在巩固中央统一领导的前提下,扩大一点地方的权力","我们不能像苏联那样,把什么都集中到中央,把地方卡得死死的,一点机动权也没有"。他还在 1957 年 3 月 7 日同七个省、市的教育厅厅长、教育局局长座谈中小学教育问题时,提出了全国统一的教学计划和教材是否合适的问题。遵照毛泽东的讲话精神,教育部门开始研究和分析集中过多、统得过死的问题。1956 年 6 月 20 日,在一届全国人大三次会议上,高等教育部部长杨秀峰在《当前高等教育工作的几个问题》的发言中指出,"现有的高等学校的事业体制、计划体制、财政体制、领导关系和毕业生全部分配的制度等过多地强调了集中统一,影响和限制了各业务部门和地方上办理高等教育事业的积极性,应该适当加以改变"。他还提出了要适当扩大院长、校长职权的问题,认为一些制度在有些方面"不免限制过紧过死,使各校很难有灵活变通的余地","不同程度地妨碍了学校工作"。

1958 年 4 月,中共中央发出《关于高等学校和中等技术学校下放问题的意见》,决定除少数综合大学、某些专业学院和某些中等技术学校仍旧由教育部或中央有关部门直接领导外,其他的高等学校和中等技术学校都可以下放,归各省、市、自治区领导。中共中央还决定改变统一招生制度和毕业分配办法,一般的高等学校和中等专业学校可以就地招生,各校招考时间可以不必统一。此后,教育部会同有关部门将原中央领导的 229 所高校中的 187 所和绝大部分中等技术学校先后划归地方领导。1958 年 8 月 4 日,中共中

央发布了《关于教育事业管理权力下放问题的规定》,指出今后对教育事业的领导必须改革过去以条条为主的管理体制,加强地方对教育事业的领导管理。该规定还指出:"过去国务院或教育部门颁布的全国通用的规章、制度,地方可以结合当前工作发展情况,因地制宜地解决存、废、修订,或者另行制定适合于地方情况的制度。"

在办学形式上,1952年将所有民办小学全部转为公办。1953年又提出发展民办学校,以后又部分地加以接收公办。当教育部门无力满足职工子女入学要求时,各工矿企业根据政府的有关规定,自行开办了一些职工子弟中小学。1955年11月11日,财政部和教育部却发布了一个联合通知,规定各经济部门举办的职工子弟中小学一律移交给地方教育部门管理领导,并提出今后工矿企业一般不得自办中小学。1957年在全国出现了群众办学的新高潮。据河南、河北、山东、上海等18个省、市的统计,1957年民办中学约有学生42.6万人,而1955年这18个省、市的民办中学学生还不够1 000人。1958年,教育部最初是把提倡群众办学和提倡勤工俭学作为教育工作的主要努力方向提了出来,后来又归纳为办教育要"两条腿走路"。由于缺乏正确引导,教育事业出现了前所未有的虚假繁荣,明显超过了国民经济的负担能力和教育事业本身的发展条件。1962年4月,教育部召开全国教育工作会议,进一步调整教育事业,决定还要大幅度裁并高等学校,特别是专科学校,对保留下来的高等学校要逐步缩小规模;要大量裁并1958年以后新设立的条件很差的中等专业学校,以及少数布局不合理和设置重复的中等专业学校;全日制中小学要适当压缩规模,要注意调整学校布局,便于学生就近入学;将多余的优秀教师用来逐级提高各级学校的师资质量;以裁并学校的校舍、图书、仪器、设备充实保留学校;认真办好一批重点学校;改变国家对教育事业包办过多的情况。高等学校基本上由国家办;少数特殊性质的高校如宗教、国画、中医等,也可以由人民团体或个人举办;中小学和一般技术学校、工艺学校,以公办为主,民办为辅,允许私人开办。

(三)1966年5月—1976年10月,"文化大革命"中进行"教育革命"

1969年5月12日,《人民日报》发表吉林省梨树县《农村中小学大纲》(草案),明确提出中学要建立以贫下中农为主体的革命委员会,小学由大队教育革命领导小组实行一元化领导;小学由大队办,中学由社办或大队联办;学校经费实行民办公助;中小学实行九年一贯制;废除考试、留级等制度;中学采取推荐与选拔相结合的办法招生;推选贫下中农、革命干部和民兵做兼职教师或组成讲师团;把教师工资制改为工分加补贴。

(四)1976—1992年,经过拨乱反正、全面改革,以"三个面向"为根本指导思想,开展教育改革

这一阶段的产权关系调整仍然集中在中央与地方的关系上。这里以1985年颁布的

《中共中央关于教育体制改革的决定》（以下简称《决定》）、1986 年 4 月颁布的《中华人民共和国义务教育法》（以下简称《义务教育法》）、1992 年发布的《中华人民共和国义务教育法实施细则》（以下简称《实施细则》）的内容加以分析和说明。

《决定》指出，过去我国教育管理体制的弊端主要是：在教育事业管理权限的划分上，政府有关部门对学校（主要是对高等学校）统得过死，使学校缺乏应有的活力；而政府应该加以管理的事情，又没有很好地管起来。中央认为，要从根本上改变这种状况，必须从教育体制入手，系统地进行改革，改革管理体制；在加强宏观管理的同时，坚决实行简政放权，扩大学校的办学自主权。具体的改革措施是：基础教育管理权限属于地方，除大政方针和宏观规划由中央决定外，具体政策、制度、计划的制定与实施以及对学校的领导、管理和检查，责任和权力都交给地方；改变高等学校全部按国家计划统一招生、毕业生全部由国家包下来分配的方法，实行国家计划招生、用人单位委托招生、在国家计划外招收少量自费生的办法；为调动各级政府办学的积极性，实行中央、省（自治区、直辖市）、中心城市三级办学的体制；学校要逐步实行校长负责制，有条件的学校要设立由校长主持、人数不多且有威信的校务委员会，作为审议机构。要建立和健全以教师为主体的教职工代表大会制度，加强民主管理和民主监督。

《义务教育法》及《实施细则》明确地规定了中央、地方、社会以及家长等在义务教育中的权利和义务。在管理体制上，《义务教育法》第 8 条规定："义务教育事业，在国务院领导下，实行地方负责，分级管理。"《实施细则》第 3 条更加明确地指出："实施义务教育，在国务院领导下，由地方各级人民政府负责，按省、县、乡分级管理。"并对此做了进一步规定，如《实施细则》第 34 条规定："地方各级人民政府及其教育主管部门应当建立实施义务教育的目标责任制，把实施义务教育的情况作为对有关负责人员政绩考核的重要内容。"第 35 条规定："县级以上各级人民政府应当建立对实施义务教育的工作进行监督、指导、检查的制度。"第 36 条规定："实施义务教育的学校及其他机构，在实施义务教育工作上，接受当地人民政府及其教育主管部门的管理、指导和监督。"

经过改革开放十几年的探索，1992 年 10 月党的十四大确立了建立社会主义市场经济体制的宏伟目标。在这一目标的指引下，以《中国教育改革和发展纲要》（以下简称《纲要》）的颁布为标志，我国开始了建立与社会主义市场经济体制相适应的教育体制的改革。这一时期颁布了《中华人民共和国教师法》（1993 年 10 月）、《中华人民共和国教育法》（1995 年 3 月）、《中华人民共和国教师资格条例》（1995 年 12 月）、《中华人民共和国职业教育法》（1996 年 5 月）、《教育事业"九五"计划和 2010 年远景目标》（国家教委，1996 年 5 月）、《社会力量办学条例》（1997 年 7 月）、《中华人民共和国高等教育法》（1998 年 8 月）、《面向 21 世纪教育振兴行动计划》（教育部，1998 年 12 月）、《中共中央、国务院关于深化教育改革全面推进素质教育的决定》（1999 年 6 月）、《中华人民共和国民办教育促进法》(2002 年 12 月)等法律法规和文件。

在学校管理体制上,《纲要》再一次重申了逐步推行简政放权的基本方针。1995 年 3 月颁布的《中华人民共和国教育法》,以法律的形式进一步强调"国务院和地方各级人民政府根据分级管理、分工负责的原则,领导和管理教育工作""中等及中等以下教育在国务院领导下,由地方人民政府管理""高等教育由国务院和省、自治区、直辖市人民政府管理"等原则。具体来说,对于中等以下教育的管理,《纲要》指出,由地方政府在中央大政方针的指导下,实行统筹和管理。国家颁发基本学制、课程设置和课程标准、学校人员编制标准、教师资格和教职工基本工资标准等规定;省、自治区、直辖市政府有权确定本地区的学制、年度招生规模,确定教学计划,选用教材和审定省编教材,确定教师职务限额和工资水平等。省级以下各级政府的权限,由省、自治区、直辖市政府确定。在办学体制改革上,要改变政府包揽办学的格局,逐步建立以政府办学为主体,社会各界共同办学的体制。在现阶段,基础教育应以地方政府办学为主。

高等教育体制改革,主要是调整政府与高等学校、中央与地方之间的关系,逐步建立政府宏观管理、学校面向社会自主办学的体制。在政府与学校关系上,要按照政事分开的原则,通过立法,明确高等学校的权利与义务,使高等学校真正成为面向社会自主办学的法人实体。要在招生、专业调整、机构设置、干部任免、经费使用、职称评定、工资分配和国际合作交流等方面,分清不同情况,进一步扩大高等学校的办学自主权。学校要善于行使自己的权力,承担应负的责任,建立起主动适应经济建设和社会发展需要的自我发展、自我约束的运行机制。政府要转变职能,由对学校进行直接行政管理,转变为运用立法、拨款、规划、信息服务、政策指导和必要的行政手段,进行宏观管理。要重视和加强决策研究工作,建立有教育和社会各界专家参加的咨询、审议、评估等机构,对高等教育方针政策、发展战略和规划等提出咨询建议,形成民主的、科学的决策程序。

在中央与地方关系上,进一步确立中央与省(自治区、直辖市)分级管理、分级负责的教育管理体制。中央直接管理一部分关系国家经济、社会发展全局并在高等教育中起示范作用的骨干学校和少数行业性强、地方不便管理的学校。在中央大政方针和宏观规划指导下,对地方举办的高等教育的领导和管理,其责任和权力都交给省(自治区、直辖市)。中央要进一步简政放权,扩大省(自治区、直辖市)的教育决策权和包括对中央部门所属学校的统筹权。省(自治区、直辖市)在充分论证、严格审议程序、自行解决办学经费,以及统筹中央和地方所属高校毕业生就业去向的条件下,有权决定地方高校招生规模和专业设置。《中共中央、国务院关于深化教育改革全面推进素质教育的决定》进一步指出,继续按照"共建、调整、合作、合并"的方式,基本完成高等教育管理体制和布局结构的调整,形成中央和省级人民政府两级管理,以省级人民政府管理为主的新体制,合理配置教育资源,提高教育质量和办学效益。经国务院授权,把发展高等职业教育和大部分高等专科教育的权力以及责任交给省级人民政府。省级人民政府依法管理职业技术学院(或职业学院)和高等专科学校。高等职业教育(包括高等专科学校)的招生计划改由省级人民政府制定,其招生考试事宜由省级人民政府自行确定。

改革全部按国家统一计划招生的体制,实行国家任务计划和调节性计划相结合。在现阶段,国家仍要提出指导性的宏观调控的招生总量目标,并通过国家任务计划重点保证国家重点建设项目、国防建设、文化教育、基础学科、边远地区和某些艰苦行业所需要的专门人才。在保证完成国家计划的前提下,逐步扩大招收委托培养和自费生的比重,这部分调节性计划由学校及其主管部门根据社会需求和办学条件确定。

第二节 公立职业院校产权结构

公立学校是近代以来教育国家化的产物,它构成了今天世界上绝大多数国家公共教育体系的主体,成为现代国家实现国家目标和社会目标的主要教育形式。从某种意义上来说,公立学校的效率实现决定着一个国家教育总体效率的实现水平。因此,基于国家教育效率实现的目标,关注和研究公立学校的产权问题,是对教育产权制度进行有效构建与变革的重要基础。

一、公立学校产权分析的逻辑起点

(一)公立学校产权结构的逻辑分析

公立学校的内涵因国家实践不同而异,普遍意义上的定义是指由国家政府代行国家意志创立和举办,并主要由国家财政性资金维持运行的学校①。

公立学校产权结构的逻辑起点是蕴涵其中的委托代理关系。在研究公立学校的产权关系时,一种广泛的看法是,学校的校长是最终的代理人,在他之上有一个委托代理链,链的另一端是初始委托人,即学校国有资产的最终所有者。由此而产生的一系列委托代理关系可以运用委托代理理论来进行分析。委托代理关系是委托人和代理人之间存在的明确的或暗含的契约关系,这种契约从某种意义上说是一种基于产权关系的约定,博弈是双方契约过程的主要手段。对于国有教育机构而言,其产权的初始委托人即

---

① 在美国,新的公立学校定义基本摆脱了以政府开办、政府管理、公共经费维持等为基本标准的传统界定模式。判断是否为公立学校的新的标准是:(1)是否以满足消费者对教育的需求为目的且是否满足了消费者的需求;(2)能否对公共机构即政府提出的要求负责。——季萍.美国公立学校的发展研究[M].北京:高等教育出版社,2002:237.

产权的终极所有者是全体公民,但是全体公民尽管是法律上的国有教育财产的最终所有者,在实践中却不能被当作初始委托人。因为其不具有谈判、订立契约的行为能力。当然,作为一个整体的全体公民可以让代表去和别人谈判、立约,但他和他的代表之间却不会有真正的契约关系。传统的公立学校委托代理关系的最典型的特征在于,它不是以市场交易为中介的资本委托代理关系,而是以政治程序和行政层级为中介的财产委托代理关系。具体来说,这种关系包含了相互联系的两大关系。其一,是全体公民与政府之间的委托代理关系,以权利—权力的自下而上,从分散到集中,由多个委托人到一个代理人为特征;其二,是政府与学校之间的委托代理关系,以权利—权力的自上而下,从集中到分散,由一个委托人到多个代理人为特征。

根据公立学校的生成逻辑和存在方式,我们可以观察公立学校的几种委托代理结构模式:

(1)全体公民→国家→政府→学校。

(2)全体公民→国家→政府→学校法人。

(3)全体公民→国家→政府→社会→学校法人。

在第一种模式中,第一级委托人为全体公民,这是分散的委托者,代理人为国家,但由于国家是一个虚拟体,因此其实际代理人是政府。次级委托人是政府,其代理人是学校,但是这类学校是由政府直接举办并经营的,学校并非独立的法人组织。因此,这种代理关系不存在一种平等的产权关系,只是基于事权的一种行政层级关系,而非严格意义上的委托代理关系。这是传统模式的国有国营学校。

在第二种模式中,第一级委托人为全体公民,实际代理人为政府;次级委托人为政府,次级代理人为学校法人,学校的法人代表为其人格化的代理人。在这种模式中,由于学校具有独立的法人地位,因此,在政府和学校之间存在的是平等的民事产权关系。学校国有资产的所有权人为政府,而其占有、使用、处置以及收益等产权权能则根据国家的普遍政策规定或政府与学校间的特殊契约界定给政府或者学校。同时,政府作为国家的教育主权代理人对学校具有一般的行政管理权,这种行政管理权具有一定的层级隶属关系。这是普遍意义上的所有权与经营权相对分离的现代公立学校模式。

在第三种模式中,第一级委托人为全体公民,实际代理人为政府;次级委托人为政府,其代理人为社会某一公民或某一法人;三级代理人为学校法人。如政府将办学以某种方式委托给某一社会团体,然后由社会团体举办具有独立法人地位的学校。因此,政府、社会团体和学校法人之间依次形成委托代理关系。在这种委托代理模式中会生成国有民营模式的公私混合型学校。

在这三类委托代理模式中,根据产权委托代理的关系,公立学校中的国有资产的终极所有权(名义所有权)为全体公民,政府为实际所有权者,其他代理人根据具体的产权制度安排,享有其他产权权能。没有获取法人地位的学校不具备独立产权地位。取得独立法律主体地位的学校法人是具体的独立办学者,具有独立的产权地位,具有学校产权中特定的产权权能。公立学校及其变形的产权特征以及对教育需求市场的反映可以描述如下:公立学校产权归国家所有,但(由于众所周知的逻辑)实际上是归政府所有,然后经过层层委托代理关系,最后由学校校长进行具体的经营管理。

委托代理理论为分析公立学校的产权结构奠定了逻辑基础。但是必须注意的是,在公立学校的具体办学模式中,如何确立其中的委托代理关系? 代理成本显然是一个重要的制约因素。委托人和代理人之间不完全一致的利益以及信息不对称等约束因素的存在,使得每增加一级代理关系就会生成一份新的代理成本,这种代理成本对于初始委托人而言显然是一种损失。因此,代理级次序列的确定,是代理成本和代理收益比较的结果。

近现代以来,公共教育的出现与扩张源于"使国民普遍接受教育"信仰的世俗化,以及在现代社会中教育外部性的大量涌现。公立学校系统是公共教育出现和扩张的主要表现形式,而公立教育系统是由现代国家予以保障的。"国家是以一种低交易成本制度出现的,该低交易成本是指在出现公共物品和外部性时为实现'帕累托最优'性而达成合作协议所必需的成本。"①

公共教育被认为具有协调公共部门规范和市场控制以及经济增长的成果得以公平分配与协调投资过程的作用。在这种协调过程中,现代公立学校系统具体起着三重作用。"第一,它是创新与从做中学系统的主要支持力,而这两者都是在以信息为基础的新型世界经济中竞争取胜所需要的,公共投资的教育对于形成这些系统中的人力资本起着关键的作用。第二,公共管理的教育会给予民众一种集体目标意识,而这是公共部门所期望实现的。人们一直强调集体目标的重要性,而在新的世界性经济条件下,这一重要性的经济意义更加明显了。第三,在以公共目标为导向的社会中,公立教育在很大程度上承担了培养高效率的和富有公益心的公务员的责任,这些人将指导以人力资源为基础的经济。"

公立学校教育系统中的义务教育体系和非义务教育体系都是现代民主社会福利保障体系中的一部分,是保障社会公民基本权利的重要手段,是社会公平保障体系中的重要内容。根据西方资本主义社会的治国伦理,社会基本公平体系和基本福利保障体系是与公民基本权利的维护统一于一体的。也正因为如此,建立公立学校成为大多数民主国家实现公共教育福利目标的主要途径,而公立学校也成为大多数国家教育体系中的主体部分。

①丹尼斯·C.缪勒.公共选择理论[M].北京:中国社会科学出版社,1999:214.

(二)公立学校的产权分析的必要性

"公立学校实际是政府举办的公共部门,不是私人签约的组织,其非人力资本财产是公有的,为政府所控制,其产权问题不用讨论。"①该命题生成的基本推理逻辑就是:公立学校由政府投资举办,学校财产所有权属于政府,因此,公立学校的产权清晰,无须再谈。

从公立学校的非人力资本产权是否清晰谈起,在学校运营中,各要素资源(主要包括人力资本要素和物质性资本要素)通过市场或者计划被引入学校系统中,形成学校教育服务活动的各种生产性资产和资源。学校对这些资源施以各种权能配置,教育服务活动由此展开。公立学校是由国家政府创立和举办的公共部门,因此,学校的初始运营资金是由政府投入的。政府在购买各种学校运行要素的过程中,可以通过政府本身的计划能力对某些要素进行无偿调拨,如土地资源,但前提是这些要素资源本身是国有性质的。由于办学过程中需要的大量要素资源并非全部都是国有性质的,当运用计划机制无法获取办学要素资源时,政府就需要通过市场这一机制以平等的市场交易人的身份去购买所需要的要素资源。当这些资源进入学校,形成归公立学校所有的办学资产后,由于要素资源或原本就具有国有性质,或其是由政府以财政资金投资购买的,因此,对于学校的非人力资本要素而言,学校的这些资产都具有了国有性质,即这些资产的所有权归属国家(其中应当排除人力资本要素)。从这样一个过程看,公立学校的非人力资本的所有权归属是清晰的。根据谁投资谁所有的普适性原则,国家是在这一过程中形成的学校资产的所有权主体。学校资产的终极所有权归属清晰。

学校产权是一组权利束,它包含了终极所有权、实际所有权、占有权、使用权、处置权和收益权等权能。在学校办学过程中,这些权能实际上并不是全部集中在某一个主体身上。在公立学校的产权结构中,如果存在着学校法人,那么学校法人在学校产权主体中应该享有自己的产权主体身份。学校作为法人,实际上是一个独立的产权主体,并不因为资产的终极所有权归属于政府,就意味着学校法人的产权主体缺失了。学校法人拥有学校资产产权中的实际占有权、使用权、一定的处置权和控制权。由于公立学校属于非营利性的公共部门,因此,对于学校资产的增值部分,实际的剩余索取权只能集中于学校法人手中。但是对于学校法人内部成员而言,也不具备私分剩余索取权的权力。政府虽然是资产的终极所有者,但它并不具有事实的剩余索取权。这与经营性的国有企业的逻辑是不一样的。

另外,对于学校的人力资本产权而言,由于人力资本的价值是蕴涵于人本身的,其资

①曹淑江,范开秀.也谈关于教育中的产权问题——兼与杨丽娟同志商榷[J].教育与经济,2001(4):16-19+15.

本的价值不能与其人本身剥离,因此,其资本产权中的所有权也是归属于人本身的,它并不能为其他产权主体所拥有。

因此,即使在普遍意义上的公立学校中,学校资产的所有权归属是明晰的,也不等于其产权就是明晰的。只有将产权的其他权能的主体归属予以清晰界定,才能够得出这样的结论。

在得出这样一个逻辑结论的基础上,我们再进一步研究:假设学校的产权是清晰的,但清晰就意味着产权配置是有效率的吗? 产权是一组权利束,产权的效应不仅仅反映在所有权归属是否明晰上,也不仅仅体现于这些产权权利束的权能在主体赋予上是否清晰,最关键的是这些权能配置是否合乎效率逻辑,产权配置和结构是否能够生成激励机制。不同的产权权能的配置会生成不同的配置效率。政府垄断模式的公立学校,其所有权、经营权、控制权等产权权能都集中于政府一身。应该说,在计划体制下,这种产权权能的归属是明晰的,但是这种权能的配置却是低效率的,这已为实践所证明。

教育产权研究的意义就在于,不仅仅是要将学校资产和资源的所有权归属界定清晰,而且是要将产权的所有权能界定清晰,更重要的是明白如何配置这些产权的权能,构建什么样的产权结构才是最有效率的。对于现代学校产权的研究来说,这才是一个最值得关注的内容。对于公立学校的产权改革实践而言,这也是最关键的问题。

随着办学体制改革多元化趋势的形成,传统的公立学校的办学模式也走向了多元化发展的道路。公立学校办学模式变得丰富多彩,其产权结构也日益多元化。计划经济背景下的政府垄断式的公立学校的产权结构模式,并不足以充分解释多元化的公立学校的产权问题。因此,将公立学校视为非契约性组织的观点是基于垄断模式的公立教育实践而形成的,它并不能有效观察和界定今天的公立学校复杂的多元的产权实现形式,就如同公有制企业一样。今天的公有制企业的实现形式是多元化的,这正是国有企业产权制度建立的一个根本原因。一个契约束构成的企业组织,它依然存在着各种交易活动,它依然需要追求效率,它依然存在公立学校法人与政府和社会的各种财产权利关系。因此,产权问题依然是存在的,这种产权的研究也是必要的。从现代公立学校的角度来看,公立学校的整体所有权归属可以认定在于国家,但是作为其中的各种资产和资源,由于来源不再是政府一家,因此在细分学校资产的过程中,其所有权的归属也会呈现出多元化的形态。因此,公立学校的产权关系也是复杂的,并不是单一的或者不言自明的。另外,对于现代公立学校的许多变形而言,产权关系更为复杂,更需要研究和分析。

公立学校产权的分析框架首先要建立在这样一些基本的认识基础上,否则,公立学校的产权分析就无法展开,也就无法建立科学的公立学校的产权制度。在现代市场经济社会中,公立学校既要面向政府又需要面向市场。在公立学校运行过程中存在着大量的市场性和计划性(行政性)交易活动,尤其是随着现代学校法人化和多元办学模式的出现,公立学校办学过程中的市场参与成分和非政府主体成分越来越多,而传统的公立学校多是一种简单的产权结构,这种产权结构显然无法适应产权主体多元化的社会实践。根据产权理论,产权制度调整和重新设计系统必须进入公立学校体系。正如经济领域存在着政府失灵和市场失灵一样,公立学校也不是一个只有政府计划控制就能生成效率的非市场地带。在现代法人治理的学校制度中,公立学校作为一个独立的法人主体,它面对的不仅仅是政府,更多的还是市场——从教育要素市场到教育消费市场,这些都不是政府计划所能完全控制和约束的地带。因此,产权界定和产权交易以及产权保护都是必要的,也是实际存在的。

二、所有制与产权

根据外部性分析,公共物品一般被界定为公共所有权。俱乐部物品在一定意义上具有公共物品的属性,而私人物品则应被界定为私人所有权,在法理权上它的有价值属性的排他性权利应归属于私人。但是,这种逻辑是基于政府和政治意志作为外生性因素而推演出来的。在现实中,政府行为和意识形态也可能导致私人物品的所有权并非为私人所有。私人物品是否一定界定为私人所有,在很大程度上取决于政府意志和意识形态的取向。因为,政府是事实上界定所有权的最主要的主体,在一个社会中,私人物品能否被界定为私人所有,公共物品能否被界定为公共所有,要看政府拥有权力的大小和法律对政府实施权力的约束能力。如果政府存在着公有制或国有制的偏好,而且政府的意志和行为又不能普遍地受到民众的制约和法律的约束(或者法律本身就为政府行使某种偏好提供机会),政府在界定社会物品的性质和归属关系时,就会存在制造公共领域的倾向,强制性地将社会物品界定为国家所有。因此,在所有权界定上,政府行为可能存在两种倾向:一种是政府可以将私人物品的有价值属性界定为私人所有,也可以将其界定为国家或集体所有;另一种是政府普遍存在着制造公共领域的倾向。在社会对政府约束能力低下的时候,就会普遍地出现国有制或公有制的倾向。

经济学学者周其仁在其研究中多次指出,流行的委托代理框架和所有权经营权分离框架都不适合分析公共过道的经济性质,因而建议用法权和事实的产权不相一致和人力资本产权与物质资本产权分离的框架来分析公有制企业[①]。这种理论是在传统的公有制理论上建立起来的,对于分析社会主义计划经济时代的公有组织是合理的。

在所有制理论背景下,国立学校和公立学校被看成是公有制性质的学校组织。因为这些学校的资产所有权属于国家和集体,而不属于任何个人,也不属于个人所有权任何形式的集合。

---

①周其仁.产权与制度变迁——中国改革的经验研究[M].北京:社会科学文献出版社,2002.

　　传统的社会主义模式下的公立学校,是在极端的公有制理念当中选择了"消灭一切生产资料私有制"和将一切物质资本和财务资本都归公有,为了彻底消除生产资料被个人占有的任何可能性,而宣布个人不得拥有任何生产性资源的合法权利。在这里,公有主体只能作为不可分割的产权所有者整体性地存在,而不允许把公有产权以任何方式分解为个人的产权。因此,国家所有或集体所有的公有制完全不同于在个人私产基础上集合起来的合作制或者股份制。这种所有制状态下,公立学校的分析框架就无法建立在自由契约和平等交易的市场机制的基础上。在极端公有制状态下,公立学校成为不能分解为任何具体个人的抽象,再也不能向组成的成员个人做进一步的追溯。在公立学校庞大的体系中,实际上活动的全部是形形色色的代理人,而没有可以追溯的最后委托人。在这个意义上,用委托代理理论来讨论公立学校,在分析上会遇到一定的困难。因此,在对极端的计划经济社会中的传统公立学校进行分析时,应该存在着"没有最终委托人的代理人",而各类代理人本身不拥有合法的对生产资料的个人产权,也并不对任何拥有生产资料产权的个人负责。

　　另外,对传统计划体制下的公立学校进行产权基础的研究,我们还应该强调,在物质化资本或财务资产归属虚设的国家和集体所有的前提下,人力资本的法律所有权实际上也是不具备的。任何个人都不具备构成与他方达成生产性利用自有人力资源的合约。关于传统公有制实践中禁止个人拥有人力资源的生产性利用权利,特别是缔约的权利,最直接的证据就是各种人类资源的市场交易被公有制的法律禁止。劳动力资源的行政计划配置体制替代了以自由契约为基本精神的劳动力资源的市场配置体制,个人通过合法的交易市场实现其人力资本的价值的机制在完全公有制体制下消失了。在学校要素资源构成中,作为人力资源构成主体的校长和教师实际上存在着人力资本产权的残缺。

　　消除了个人产权的传统计划化的公有制学校,合乎逻辑地实现了一切资源归公。个人不但不能充当公有学校财务资本和物质资本的最终委托人,而且无法凭借其自身拥有的人力资源,通过选择与公有制企业订立市场合约,并作为要素所有者进入学校合约。公立学校的所有运行资源要素的基础,不是要素所有者基于合约条件的让渡,而是一切资源归公以后的行政指令调派。由此,我们可以看到,传统计划性公有制学校体制的一个根本性特征就是非市场合约性。

　　这种作为公有制化的公立学校的产权基础的非市场合约性,从根本上消除了保证学校效率机制的实现,以及市场可以矫正学校的行为偏差。当然,对于公立学校而言,可能首先追求的是公平,因此,市场并非万能的机制。

　　正如弗里德曼所说,经济问题总是与选择联系在一起。而对于公共物品问题,公共选择理论也表达了相同的意思。选择是分析社会问题的一个基点,而在计划化的公有制背景下,社会与个人的选择已被消除,因此,常态的产权分析框架被认为是无效的。

非公有制垄断状态下,会生成这样一种基本情形:完全的计划控制已被市场机制或有限的市场机制与政府管制所取代;私人产权得到认可,私人财产(包括人力资源和物质资源)都得到法律的保护。

在排除传统的公有制理论束缚的背景下,也就是说在承认私人财产存在的合理性并且私人财产得到法律保护的前提下,任何组织可以最终追溯到组成集合体的个人。因为归根到底是个人选择集合方式、管理方式,并为此承担最终的财务结果。这种集合的整体可以被看作是个人选择的结果,是个人将自己的产权集合起来委托给集合体,并为此规定了集合的条件和执行程序。在这种背景下,是可以寻找到公立学校的最终所有者的。在承认社会成员的个人产权的背景下,政府出于外部性考虑,作为民众的集合,替代民众用国家财政(实际上是用民众的税收)举办学校。这样,实际上存在着一种约定俗成的(实际上是一种公共选择上的博弈)委托代理关系,即由民众委托政府举办学校。委托人是全体公民,而代理人是政府集体。从这种意义上来说,公立学校的最终所有权是属于全体公民的。但作为全体公民是无法做出自己的具体决策的。因此,在这种情况下,事实上仍存在着所有权虚设的情况。

对于办学者而言,公立学校也有多种选择。一种是政府既是民众的代理人,同时自己也是委托人,将学校委托给其他主体来举办。如中央政府将举办权给予地方政府,由地方政府直接举办,或中央政府直接委托社会主办。在这种情况下,全体公民将政府确立为所有者代表,而政府通过运用委托代理,将学校的某一部分权利交于其他主体。如所有权与经营权的分离、学校法人的独立等。还有一种途径,是政府既是委托人,又是受托人,直接举办和经营学校。传统的社会主义国家的公立学校实际上就是这种模式。政府是事实上的公立学校的所有者(法权上的所有者是全体公民)。

所有制是一种制度环境,产权则是制度环境中的制度安排。所有制作为制度环境,它为产权制度安排限定了发挥的框架。因此,所有制形态必然影响产权状态。在不同的所有制环境下,产权生成逻辑和存在形式存在着许多不同,因此分析逻辑应该是不完全一样的。

三、公立学校产权结构的一般特征

公立学校与私立学校之间,公立学校的各种具体类型之间具有不同的产权特点,而不同国家的公立学校也都各有特殊的产权规定。因此,描述公立学校的产权特征有一定的困难。这里对公立学校的产权特征的描述将基于标准性的普遍意义上的公立学校展开,即由国家创立和举办的并以政府财政为主要经费来源的具有独立法人地位的学校。

(一)产权残缺

产权残缺是由产权经济学家阿尔钦与卡塞尔在 1962 年首先提出来的。他们分析了权利残缺和行为之间的可能遵循的相互关系。所有权的残缺可以被理解为是对那些用来确定完整的所有制的权利束中的一些私有权的删除。产权之所以常常会变得残缺,是因为一些代理人获得了允许其他人改变所有制安排的权利。对废除部分私有权利束的控制被安排给了国家或其他与活动无直接关系的主体,国家的干预和管制以及特定领域的内在运行规律是造成产权残缺的重要根源。

在通行的意义上,完备产权包括所有权、占有权、使用权、让渡权、处置权和收益权,而收益权一般由剩余控制权和剩余索取权构成。在普遍意义上,公立学校的所有权、占有权、使用权和处置权以及让渡权都是存在的。它们在一般意义上将分属于政府或者学校法人。但是剩余索取权在公立学校产权结构中却存在着虚位现象。剩余控制权和剩余索取权是产权收益权的分解。剩余是组织运行过程中减去所有运营成本后的净收益,这是任何经营性组织和营利性组织追求的部分。在企业产权研究当中,剩余控制权和剩余索取权是两个最为关键的产权权能,因为对于企业来说,其存在的价值就是能够生成剩余。而对于拥有企业产权的人来说,就是希望能最终拥有这份剩余或者其中部分剩余。所有权首先表现为剩余索取权,剩余索取权就是"在其他各方按合同获取他们的收益之后,剩余的收益由所有者索取"。企业剩余控制权是指企业契约中没有预先特别说明和约定的情况发生后的决策权。剩余索取权和剩余控制权合称为企业所有权。在市场社会中,正是这种剩余(利润)控制和索取在激励着人们组建企业和组织生产。而在企业制度的产权安排中,最关键的就是在企业有关人群中如何分配这种剩余的控制权和索取权。

企业所有权是产权内涵的延伸,它相对于财产所有权。对于一个企业合约来说,财产所有权是合约的必要前提,企业所有权则是它的真实内容或客体。企业所有权的几个维度是缺一不可的。而剩余索取权与控制权的对称性安排正是企业治理结构的效率含义,这种对称性安排正是现代产权的内在要求。

企业所有权的产权权能是完整的。与企业所有权的产权权能相比,公立学校的产权权能是不是也是完整的呢?公立学校作为公共部门,它提供的是公共物品,体现的是公共精神,追求的是公共价值。学校运营的目的更多的是实现公共利益,因此,公立学校是不允许营利的,这是对公立学校的普遍性规定。无论是义务教育中的政府投资,还是非义务教育中的政府和家庭共同投资,其目的是支持教育服务活动的运营,最大化地满足教育服务质量提升的需求。由于学校教育质量对资产和资源以及资金的需求是没有止境的(因为教育质量的提升也是没有上限界定的),这些资产和资源通过教育活动转化为学生的素质,因此,在公立学校的服务过程中,对于学校资产和资源的运营来说是不应该产生剩余的。

企业生产的剩余是通过原型材料加工生产转化成其他形式的产品,通过这种要素的转化及出售获得增值的。如果按照这种逻辑分析,那么学校就应该是通过出售教育服务来获得增值的。但是对公立学校服务而言,由于其运行资金、资产和资源基本来源于政府,政府才是真正的提供这种服务的所有者。因此,即使公立学校可以向服务购买者收取费用,而且这种费用超过实际进行的教育服务活动所消耗的资源和付出的成本,进而产生增值,这部分增值也是属于政府的。而政府对于公益事业来说,是不能获取这种剩余的。事实上,在公益事业上它也不具备剩余索取权,否则就失去了政府角色。上面的这种推理只是构建在一种不存在的假设基础之上的推理。因为,公立学校作为政府的公益部门,它在提供教育服务过程中向民众收取的费用被限制在能够运营教育服务的成本范围之内。因此,收取超过成本的费用,则必然使公益部门的性质发生变化。

从某种意义上来说,教育活动的效应并不能简单地体现于货币剩余或资产增值,而在于接受服务的人的增值。根据理性经济人的假设,个人购买教育服务是一种资本投入,其投入消费的资本产权随着合约的达成而进入学校法人产权系统中。因此,个人的学费或者是杂费不再是消费者的产权对象。而对于直接投资于教育的国家政府而言,它们也不能直接从教育生产中获得经济利润,即使其社会效益也是在国家普遍意义上获得的。因此,教育投资从某种意义上来说,对于具体的教育投入者,无论是个人、地方政府还是中央政府,其产权也仅限于所投入资产的最终意义上的所有权,而不能直接控制剩余索取权。

由此看来,在逻辑上公立学校是不存在剩余问题的(如果有也是一种机会主义行为和道德冒险行为的结果)。既然没有剩余,也就没有剩余控制权和剩余索取权的问题,这就生成了公立学校产权权能残缺的基本特征。

(二)产权垄断

一般意义上的公立学校是具有政府垄断性的。由于公立学校具有政府举办、政府投资的特点,因此,学校的所有权被垄断在政府手里。在高度集权的计划体制下,不仅学校的所有权垄断于政府手中,其他产权权能实际上也垄断于政府手中。在高度集权状态下,学校独立法人实际上是难以存在的。在没有学校法人所有权的背景下,学校产权的权能也就自然全部归于政府。

在非高度集权状态下,学校所有权和经营权生成某种程度的分离,学校独立法人地位确立。在这种状态下,学校的产权就有了不同的配置。学校法人获得了学校产权的部分权能,如占有权、使用权、处置权等,但是学校的所有权仍然垄断于政府手中。垄断性所有权固然可以减少交易者数目,进而降低交易费用,但若对垄断性产权绝对承认,则必然导致市场失灵。其体现在公立学校中也是如此。

四、公立学校产权效率及其实现

（一）产权残缺与产权效率实现

学校产权结构中存在着剩余索取权和剩余控制权的残缺问题。那么,这种产权的残缺性是否会影响公立学校的效率呢?

从企业产权结构的效率而言,剩余索取权和剩余控制权的配置是激励企业各产权主体的主要动力。在企业中,不仅存在着剩余索取权的问题,而且存在着剩余索取权的分配问题,而后者才是企业产权效率实现的关键所在。但是在公立学校被剥夺了学校收益权这样一个内在维度,仅仅存有学校资产的占有权、使用权和处分权,这种产权的效率机制是否还会存在?

诺斯在《西方世界的兴起》一书中曾表达过这样一种思想:有效率的经济组织需要相应的制度安排和产权保障,没有产权提供的激励和约束,任何经济杠杆都不能发挥有效的作用。首先必须明确的是,产权的功能是多元的。产权具有保护财产的功能,产权具有降低交易成本的功能,产权也具有外部性内在化的激励功能。因此,公立学校剩余索取权权能的残缺并不是将产权的功能全部否定,它更多的是降低了产权效率中的激励效应。

公共性教育的非营利性,从某种意义上使得公立教育的剩余索取权失去了具体的意义。因此,对于产权主体来说,产权的激励效应也就仅限于由对学校控制权、支配权和处分权的控制来获得剩余索取之外的价值。那么,存在于剩余以外的价值是什么呢? 它是通过什么方式获得的呢? 这些价值的实现对产权主体而言是否还具有激励性呢? 失去剩余索取权和剩余控制权的公立学校产权结构必然会导致产权效率的下降,这是毋庸置疑的。但是,产权主体可以通过运用其他权能来补偿这种剩余缺失。这种补偿可以通过获得其他形式的剩余来补偿,用其他方式来补偿这种同类剩余。

根据理性经济人假设,如果失去了对产权中的剩余索取权的控制,则势必降低产权对各产权主体的激励效应。从某种意义上说,这个逻辑是合理的。但是由于理性经济人假设并不能对人性做出全部的描写,因此这种逻辑也就不能适应于所有情景。按照马斯洛的需要层次理论,在失去剩余索取权效应的时候,其实还是可以寻找其他的产权效率途径的。在产权效率的范畴中,失去剩余索取权和剩余控制权的激励效应,产权主体还可以通过对所有权、占有权、处置权的占有来获得比如精神满足和自我实现、话语权、晋升或者声誉等剩余之外的价值。对这些价值的追求,也会生成对产权主体的激励,也会生成效率。如果将剩余的内涵扩大,我们也可以把这些通过剩余索取权之外的方式获得的价值看成是一种剩余。如政府可以通过对学校所有权的拥有去控制和监督公立学校的办学行为,并通过向社会提供高质量的学校教育获得社会的认可,赢得良好的政府声誉。这种声誉本身就是一种剩余,是政府在办学过程中获得的一种剩余回报。而对这种回报的追求就是一种激励。

公立学校不产生一般意义上的剩余,公立学校的产权主体不能通过拥有产权的正常途径来获得剩余。那么,为了提高办学的效率,公立学校的各产权主体就会寻找其他的途径来补偿同类剩余。这些途径包括产权途径,也包括非产权途径,如奖励。当公立学校的产权主体不能通过剩余索取权获得物质性剩余从而缺少激励机制时,可以引入奖励机制,使产权主体获得同类剩余。

当通过正常的补偿途径并不足以补偿这种剩余时,以追求利润和效用最大化为目的的理性经济人的学校,产权主体就会利用各自掌控的产权权能进行异化的剩余补偿活动。这种异化通过机会主义和道德冒险行为表现出来。在信息不对称达到一定的程度、制度不完善、谋求剩余的当事人伦理道德的自我约束能力缺失的情况下,这种机会主义行为和道德冒险行为就会大量产生。这种补偿虽然对于产权主体而言具有某种激励作用,但是对于整体的效率而言却具有一定的破坏性。

(二)市场失灵与产权效率实现

在传统经济学中,市场失灵是指在社会治理机制中,某些领域因为外部性等问题导致市场不能充分发挥作用的现象。在市场失灵现象中,有些是因为市场机制与某些社会领域的活动存在着内在的不相容性,而有些则是因人为因素使市场机制在某些领域中的作用受到限制,后一种市场失灵往往来自真正的政府失灵。在公立学校中,普遍存在着这两种市场失灵现象。

公立学校具有一定的公共部门性质,与私营部门选择的治理机制是不完全相同的。作为公益性事业,政府机制具有天然的治理优势,也就是政府治理优势。

公共部门各项运作及其所提供的服务和产品,并不需要面对完全的自由竞争。在大部分情况下,公立学校的业务运作的价格标签,大多由预算程序而非通过教育消费者和学校之间的交易契约决定。对于公营部门来说,这种政府计划而非市场契约提供的方式节约了交易成本,因而会生成政府治理效率。同时公立学校的主要经费是由课税方式取得的,现在的一般公立学校也通过一些形式收取一些费用,筹措部分财源。即使是在消费者付费成为很重要的方式的公立学校中,由于公立学校的经营者和名义所有者都缺失内在的利益激励机制,他们面对竞争和主动面向市场的信心和积极性也远不如私营部门,这些都是公立学校市场失灵的原因。这种市场失灵必然导致产权效率的降低。因为产权效率的实现更多地依赖于自由契约和平等交易,而自由契约和平等交易更多的是在市场机制中实现的。在公立学校中,自由契约和平等交易被政府的计划和统一预算所限制,其依赖市场的程度相对较小,所以,其产权效率效应就相对较小。因此,产权效率效应、市场机制效应就形成了一种正向关系,如果关注产权的效率效应,就应当承认相应的市场机制;如果关注产权效率效应以外的其他效率实现方式,则未必一定引入和关注市场机制。这也就是在私营机构中更加强调产权问题的根本原因,同时可以解释教育私营化为什么会成为一种教育变革的潮流,且在教育私营化中又格外关注市场机制的建设等问题。

公共部门远离市场机制,在理论上难以评估其运作效率和价值。如果政府提供或生产的某个社会物品不能在开放市场自由出售,就难以确定其真实价值。反映在公立教育服务中,当政府将学校的举办权和经营权归为一体时,对学校的评价就相对困难。虽然现在有人尝试通过民意调查来了解公众对公共教育服务的评价,然而从实践来看,这种方式不仅成本高,而且也不一定能评估出公共部门真正的服务价值。这意味着对公共教育服务部门的绩效和效率的测量是十分困难的。为了克服公共部门远离市场带来的效率缺失,西方国家采取了一些变通方式以实现公共部门的市场效率,如公共物品生产的外包模式,即将政府垄断的某些传统业务委托承包给私营组织,将公立学校委托给私人组织或其他社会组织经营,将垄断的产权予以分削,以实现市场激励机制对办学效率的促进效应。

另外,在公共教育部门存在着大量人为的市场失灵现象。这种现象多源于对市场机制意识形态上的抗拒和学理上的认识缺陷。在公共教育部门实际上存在着许多市场机制治理的空间,因为在这个领域也存在大量可以以"平等交易,自由契约"为原则的产权活动。公立学校的交易活动是多种形式的,它由产权的客体、产权交易的主体和交易形式等函数的组合而确定,如家长与学校之间、学校与学校之间、学校与要素资源之间、学校与政府之间。交易物品的形态也是多种多样的,如货币形态、实物形态、有价证券形态和知识形态等。而这些交易活动的实质无非是通过转让、交换,把一种形态的资产转变为另一种形态的资产。从公立学校资产交易角度而言,公立学校产权交易可能在两种情况下进行:一是在公有投资主体之间进行的交易;二是在公有投资主体和非公有制投资主体之间进行的交易。

在公立学校运营中除了政府的统一预算和计划协调外,仍然存在着大量的市场机制的空间,也就是产权效率效应发挥的空间。但是在很多时候,这种产权效率效应被政府机制遏止而没有发挥出来。如传统的垄断式的公立学校办学模式,就是人为地割断了公立学校与市场之间的关系,从而造成学校产权效率效应的阻滞。因此,在公立学校的改革过程中,必须正确看待所谓的市场失灵和政府优势。在尊重公立学校办学过程中的政府优势的同时,撤除人为的公立学校市场失灵的栅栏,合理科学地引入市场机制,以提升产权效率效应的发挥,从而提高学校的办学质量。

第三节　制度公平分析

产权制度公平既体现为价值取向和制度界定的公平,也体现为制度执行的公平。公立学校依靠国家教育投入实现发展,产权制度公平集中体现为教育投入公平。我国教育投入制度经历了由重点发展到实现教育均衡的转变,正在走向公平。

一、倾斜的城市教育投入

根据财权与事权对应的原则,学校的管理权归属决定了学校的资金来源,即学校归哪级政府管,哪级政府就应该负责对学校投入资金。市辖学校的教育投入直接来自市财政,区辖学校的资金来源于区财政。公立学校的财产所有权归国家所有,各级政府代表国家掌握学校财产所有权,并根据所有权行使管理权。在所有权归属明确的情况下,政府对所辖同级同类学校的教育投入额度以及其他优惠政策是学校成为同类学校中优质校的关键因素。重点学校政策的推行过程即是明证。所谓的重点校正是在政府的优惠政策和重点资金投入中发展起来的。一所学校的兴衰与校长、教师素质及是否有足额投入关系密切,可以说,没有足够的资金就不可能有一所好学校。尤其在市场机制介入后,教师流动成为一种必然趋势,而一所能吸引教师的学校,必定有优良的教学设施,能为教师提供充分的进修交流机会和较好的物质待遇。因此,对学校的投入直接制约着学校的发展。重点学校制度人为制造了学校间的不平等发展,使同一地区的同级同类学校间差别显著。学校发展过分依赖地方的经济、政治、文化发展水平。基础教育不但出现同区差异,更有地域差异(东西差距和南北差距)和城乡差异。使全体公民都能享受到优质教育是我国教育发展的目标,教育均衡发展已成为国家基本的教育政策。然而,实现教育均衡发展却是一个漫长的过程,没有合理的教育投入体制就无法实现教育的均衡发展。

新修订的《义务教育法》明确了教育均衡发展的思想,该法第22条规定:"县级以上人民政府及其教育行政部门应当促进学校均衡发展,缩小学校之间办学条件的差距,不得将学校分为重点学校和非重点学校。学校不得分设重点班和非重点班。"促进公立学校产权制度公平的政策虽有,但现实因素阻碍了政策的执行。虽然重点中学制度已经终结,但其后续影响无法在短期内消除。许多地方以优质示范校代替原来的重点校,政府对优质示范校的待遇等同于从前的重点校。能进入政府规定的示范校行列,意味着学校能得到更优厚的待遇,获得更广阔的发展空间;跻身示范校之列,意味着学校能按规定收取更多的学费和择校费。由于各地生源的减少,不能进入优质示范校行列的学校可能在不久的将来即面临被裁撤合并的命运,因此一些参与评审的学校使出了浑身解数,学校的精力也发生了转移,迎评迎检活动甚至超越了学校的教学活动,而学校的教学水平并不能因通过评审而迅速提高。虽然学校间的竞争不可避免,优胜劣汰的法则同样适用于公立学校,但过多的检查活动或变相的重点学校评审,增加了学校的负担。频繁的学校评审耗费了大量人力财力,许多学校的招待费支出比例逐年上升。以这种方式造就的学校均衡发展的初衷是让更多的学校进入重点学校的行列,全部成为优质资源,但这种优胜劣汰的运作方式的成本过高。促进教育均衡发展目标的提出有重大的社会意义,但在实施中如果处理不善,带给教育的或许是更大的教育资源浪费和更多的不平等。

促进学校的均衡发展在于更合理地利用有限的教育资源,在于对各类学校逐渐实施平等的待遇。重点学校制度之所以能够改头换面且长期存在,是有原因的。首先,各地优质教育资源缺乏,当地政府不可能靠削减对原重点学校的优惠政策来支援普通学校,只能靠投入总量的增加来解决问题。而教育资源有限是大多数地方政府面临的问题,不可能在短期内对重点和非重点学校给予同等待遇。以改善学校教学设施为例,通常是先解决重点学校的,再解决普通学校的。地方政府对原重点学校的优惠政策是不会改变的,对重点学校只能做加法,这样才能保证优质教育资源的持续发展。其次,某些地方政府有不正确的政绩观。愈演愈烈的升学大战尤其是高考竞争使某些地方政府过分看重当地的升学率,尤其是进入清华、北大等名牌大学的人数。因此扶持重点学校,提高升学率成为一些地方政府增加政绩的做法。最后,重点学校制度所带来的利益驱使也是其长期存在的重要原因。因为重点学校集本地优良的物资和师资于一身,且优质教育资源有限,所以希望进入重点学校读书的学生趋之若鹜,无暇顾及较高的收费。利用优质教育资源,学校和政府都可以得到好处,甚至一些重点学校上交的收入成为地方财政收入的重要部分。重点学校制度给当地政府带来的利益使政府不能轻易放弃,因而以各种变脸形式出现的重点班、重点校才得以长期存在。

二、建立城市学校发展标准

促进基础教育均衡发展,缩小地域间、城乡间、学校间的差别,既是推行教育公平政策的体现,也是建设社会主义和谐社会的客观要求。我国幅员辽阔,地域经济文化发展差距较大,城乡二元对立长期存在,这种现象不可能在短期内消除。教育发展不平衡受经济发展水平和不平衡状况的制约,只能逐步解决,在短期内消除学校的地域差距和城乡差距是不现实的。基础教育的均衡发展与经济社会的均衡发展相呼应,基础教育的均衡发展要以一定的经济社会发展水平为基础,过度的超前和滞后都是不恰当的,只能分步骤推进。在分步骤推进教育均衡发展的过程中,逐渐缩小同地域城市学校的差距,促进某地域内城市学校的均衡发展是教育均衡发展率先进行的重要一步。政府在推进城市教育均衡发展的过程中,采取了许多措施,如取消小升初考试、实行就近入学政策、电脑派位、逐步开展教师流动制等,已经取得了一定成效,使基础教育尤其是小学阶段的均衡发展政策得到较好的贯彻。但在中学阶段,校际发展差距依然显著。许多城市仍以各种形式延续重点学校制度,重点投资重点学校、示范学校或窗口学校,搞政策倾斜。政府在推进教育均衡发展过程中,可以采用不同方式,但不能以牺牲学校现有发展为代价,搞分配平均主义,要重点推进、循序渐进、逐步实现。应该建立城市学校发展标准,为逐步实现教育均衡发展提供保障,为制度执行公平提供现实依据和监督标准。各地应根据本地的经济发展水平、教育投入情况和本地学校发展状况,设立统一的学校发展标准,为学校发展提供上限和下限:对已经达标的学校,不再进行重点扶持;对没有达标的学校,针对差距进行重点辅助。

与学校产权制度相联系的学校统一发展标准,包括生均公用经费标准、学校规模标准、学校设施标准、师资标准四个方面。生均公用经费是学校运营的基本保障,学校日常运转所需费用都来自公用经费。与学校发展规模(即在校生数量)结合,生均公有经费达到统一标准能够在经费上确保学校可持续发展的速度趋于一致。学校规模标准是对学校发展规模的调节。学校规模过大或同时拥有多个分校,不利于学校的管理和个性化发展;学校规模过小,教育设施和师资的利用率不高,无形中浪费了教育资源。学校设施标准是对学校硬件设施进行统一规定,严格限制物资设备不达标和超标建设。在学校设施方面,目前教育资源不足和教育资源浪费的现象并存。在同一座城市,重点学校有世界一流的设施,末流学校却连基本的教学仪器都配置不齐,某些城市重点学校的设施甚至远超许多发达国家。豪华物质设施与教育效果并不成正比,满足教育需要是学校物质设施建设的基本尺度。过度追求物质设施,助长奢靡之风,对学生的成长反而是不利的。设立统一的师资标准,使各校教师素质达到统一要求,防止出现重点校名师众多,而普通学校连学科带头人都没有的现象。统一师资标准能保证各学校的教学质量有所提升,好教师能发挥更多的作用,产生更广泛的影响,是教育均衡发展质的体现。我国有些地方已经开始实行教师轮换制[①],规定教师在一所学校的工作期限。这些新制度在实施之初,仍有许多需要继续摸索和完善之处,但已充分表明政府正在为促进教育均衡发展而积极行动。设立如上标准,既能保证国家在教育投入时根据学校达标程度,综合考虑学校的设施、规模、师资等几方面因素,也能使监督机制更加到位,保障制度执行公平。为保证如上均衡标准得以落实,在学校产权制度方面应做到:设计学校发展梯度,不同梯度设立不同的拨款标准和发展目标;统一教师待遇标准,为教师流动制度的形成奠定基础;设立教师奖励制度,鼓励教师向二类和三类学校主动流动;确保各学校享有同等的财产权利,不因学校差别而区别对待。

---

① 作昱.教师一轮换,择校就不热? [N].中国青年报,2010-02-24(002).

三、完善教育财政转移支付制度

建立完善的教育财政转移支付制度,增加地方的教育财力,能够从根本上保证对农村的教育投入。教育财政转移支付制度是按照教育发展需要,将教育财政资金无偿地由一级政府转给另一级政府的制度。它的主要作用是集中后再分配,促进教育供给公平,推进各地教育均衡发展,缓解地方的财政困难,引导地方资金合理流动。我国教育财政转移支付制度的主要问题表现在三个方面。一是一般性财政转移支付少,专项转移支付比例过大,仅靠专项转移支付不能解决农村教育投入的根本性问题。专项转移支付能够集中解决某些教育投入问题,如危房改造等。由于其多是有条件的匹配补助,一方面增加了中央的监督成本和地方争取转移支付的交易成本,另一方面对地方财政构成了一定压力,一些无力匹配的地方政府,往往靠举债完成。二是纵向转移支付多,横向转移支付少。我国财政转移支付基本上是纵向型的,即中央向地方的转移支付,而没有横向型的、不同地域之间的转移支付,缺少富裕地区对贫困地区的直接援助。三是费税返还不合理。我国财政转移支付制度属于过渡性制度,仍以地方经济发展水平为基数进行费税返还,贫困地区的教育投入缺口不能得到有效弥补。我国地方经济发展不平衡的现状不可能在短期内解决,经济不发达区域的公共事业必须依赖中央和其他地方的财政支持,因此完善教育财政转移支付制度,使其有效地发挥调节资源配置的作用,能够从根本上增加地方的教育财力,促进教育投入公平。

完善教育财政转移支付制度,应该把政府间转移支付制度的基本原则用法律形式确定下来,不能轻易改动,尤其是要清晰界定各级政府的权责和职能。协调转移支付中各级政府的权责关系是保证教育转移支付制度有效实施的基础。转移支付制度执行过程中,各级政府的博弈现象普遍存在。如果政府间事权划分不清、财权与事权不统一、职能交叉和职能滞后的矛盾突出,各级政府就有充分的条件推卸责任、不尽义务。如果政府间频繁博弈、内耗严重,制度执行成本过高,教育财政转移支付制度就不能发挥应有效力。

支付制度具体的计算公式或补助标准,可根据实际情况做出修改,体现灵活性。具体而言,要统一转移支付的种类,加大一般性转移支付的比例,确保其逐年增长并成为转移支付的主要组成部分,以弥补地方教育财政的缺口。按生均公用经费标准进行一般性转移支付,逐渐统一各地生均公用经费标准,加强省、市级转移支付力度,率先实行区域教育均衡发展,保障县财政有足够的资金投入农村教育。协调一般性转移支付和专项转移支付关系,围绕一定时期的转移支付目标协调安排,防止转移支付过于集中。

健全我国财政管理体系也是完善教育财政转移支付制度的基础,只有我国总体财政状况良好,才能实现教育领域的规范财政。要加强财政基础环节建设,增加县级财政的平衡性;统一财权,强化财政调控权威;改革财政预算和支出体制,优化支出结构,提高资金配置效益;建立地方政府财政状况的公开信息制度,完善监督机制;规范地方政府的债务行为,建立债务化解机制。根据各农村学校的不同情况,逐渐调整投入标准,循序渐进;逐渐统一各类农村学校的资源标准,包括学校的校舍设施标准、师资标准和生均公用经费标准,在满足基本标准的基础上继续按标准投入。

第四节　政府产权行为规范

政府在学校产权制度变革和执行中占优势主导地位,政府意志决定学校的产权行为,政府行为决定产权制度的执行效果。因此,政府行为是否受到有效约束成为判断公立学校产权制度优劣的重要标准。

一、政府的失范行为

政府在政府、学校和代表受教育者的社会力量的博弈中处于绝对优势地位,因此仅靠政府的自身约束难以确保其对教育足额投入,政府利用权力优势侵害受教育者和学校的产权行为也难以避免。其重要表现便是利用公共教育资源牟利。

政府也是追求利益的经济人,靠政府规约学校,当政府行为和价值取向发生偏离时,就难以确保学校产权行为的合理性。仅有政府制约学校是不够的,地方政府的教育产权观念客观上决定了学校的产权行为。如果地方政府视教育为增加地方财政收入、刺激国民消费的手段,教育产业化行为就自然会出现。

我国的薄弱校转制政策曾被认为是促进公立学校变革、减轻国家负担的理想举措,许多薄弱学校也的确在转制中获得生机、走出困境,靠引入市场机制实现了发展。薄弱校转制中,许多有一定实力的优质校也转成了国有民助,提高学费给学生家长带来了沉重的经济负担。

某县招商局的一则某学校搬迁新校址的招商项目简介,道出了地方政府对教育的态度和即将发生的产权行为。其中,建设规模和投资概算为:学校新址占地面积300亩,总建筑面积45 248平方米,工程总投入6 000万元。新建学校将成为集教学楼、实验楼、科技楼、艺术楼、行政办公楼等先进教学设施和学生食堂、公寓、体育馆、游泳池、花园长廊等文化服务设施为一体的现代化校园。资金筹措方式为:老校区拍卖800万元;自筹1 000万元;县财政拨款1 000万元;招商引资或中长期贷款3 200万元。经济效益分析:新中学建成后学校人数可达3 600人;正常年份学校每年收入可达1 333万元,除支出可节余592万元,预计6年内还清本息。

本则案例中,政府认为学校可以自行解决经费问题,甚至可以实现经济效益,所以不顾客观条件的限制,把学校建成豪华校。学校每年超过千万的收入从哪里来?平均到每个学生头上是3 700元。即使学校的后勤服务产业化,但后勤服务的消费者还是学生,普通家庭能够承受吗?后来政府招商引资,某公司对该校进行了控股,一所全省重点中学的所有权归属竟因改建而发生了变化。

学校产权制度没有对政府行为进行合理的约束,政府转制、出售优质公立学校的产权行为带来了严重的教育不公,并造成了一定的社会影响。加上各种教育乱收费、高校并轨提高学费,使教育同医疗、住房一起构成国人的三项生活重负。产生上述教育产权行为的原因是多方面的,教育产业化思想的影响是一个方面,我国教育投入严重不足、优质教育资源缺乏的现状和人们对利益趋之若鹜的追求也是非常重要的原因。

二、规范政府产权行为

政府利用公立学校牟利和侵犯学校产权的行为,影响了学校产权制度的执行,提高了制度运行成本,阻碍了学校产权各项功能的有效发挥,进而降低了产权制度效率。规范政府的产权行为,不能只从清晰界定政府间、政府与学校间的权责关系着手,对政府的权责范围既需要在法律上加以限定,也需要从执行机制和监督机制着手,确保制度的执行效果,使政府的产权行为真正得到规范。强调规范政府产权行为的监督机制,源于政府尤其是地方政府可能利用行政便利谋求私利,把地方利益、部门利益放在国家和民众利益之上。我国政府、学校、社会力量发展不均衡,现阶段无法在政府、学校和社会博弈中形成有效的学校产权制度,因而必须要依靠政府的引导和决定作用。政府在完善学校产权制度中发挥着不可替代的重要作用,因此规范和监督政府行为变得更加重要。

规范政府尤其是地方政府的教育产权行为,首先要确定规范政府行为的基本原则。防止国有资产流失、实现国有资产增值,是政府对国有企业行使产权的基本原则。对教育而言,行使原则是什么,这一问题值得深入探讨。在促进社会和谐发展的时代主题之下,维护社会公平作为更重要的社会原则被放在社会发展的重要位置。教育是维护和实现社会公平的重要手段,实现教育尤其是义务教育公平,促进学校均衡发展,使全体学生能享受到优质、免费的义务教育,是我国教育发展的未来走向,并且被新修订的《义务教育法》以法律形式明确下来。教育公平被置于我国基础教育发展的首位,教育由"维护国家利益转向维护人民利益"[1]。政府的产权行为也必须遵循这一原则,以维护教育公平和受教育者利益为根本出发点。受此原则约束,政府行使教育产权的范围亦应随之发生变化,不能单纯从政府部门利益出发,随意出卖公立学校、转制优质学校、利用教育促进地区经济发展的做法应被及时禁止。

---

①范国睿.从时代需求到战略抉择:社会转型期的学校变革[J].教育发展研究,2006(1):1-7.

其次,实现政府政务公开,以此为标准,形成社会监督机制,促进学校和社会力量监督政府行为。社会监督机制的形成过程同时也是代表受教育者的社会力量不断发展、壮大,形成利益表达机制,政府与社会形成对话平台的过程。学校作为博弈的另一种力量,因其有固定组织,在监督政府行为、维护学校和教师利益方面比社会力量有更大的优势。如果政府产权行为侵害到学校和教师利益,学校会与政府博弈,争取自己的应有权益。如前文案例中,被私有公司控股的某县中学,其原有公立学校编制的教师被转成民办编制,学校校长也被调走。于是教师自发组织进行上访,经过几轮斗争,最终县政府承诺以出卖学校地皮所得的款项回收学校股权,继续保持学校的公有性质。但如果学校利益和政府利益形成一致,与代表受教育者利益的社会力量形成对抗,则不利于受教育者维护自己的利益,所以积极培育社会力量的博弈能力尤为重要。要培育社会力量的博弈能力,就要加强教育产权知识宣传,增加群众的教育产权意识,引导其尊重和监督政府及学校的产权行为。发展各类教育中介组织,不断增强教育中介组织的专业性和独立性,推动其从依赖政府生存转向依靠自身实力发展,逐渐成为监督、评价政府和学校行为的第三方力量。

第四章

民办职业院校产权制度改革

第一节 民办职业院校的产权界定

一、民办高校产权的概念

民办高校产权,是指各级各类民办高校在筹资办学过程中,各办学主体(举办者、办学者、教育行政部门、教师、学生或家长)关于教育财产的归属、占有、支配、使用等权利的界定、保护、分解及重组所形成的产权关系及其运行机制。其具体包括两个方面的内容:一是外部产权关系、产权结构及产权安排,即民办高校作为一个独立的法人,其财产所有权的初始界定、划分和维护。它解决的是民办高校的财产归属问题,即规定各办学主体拥有哪些权利和资源,这是关系到民办高校生存和发展的制度合法与否的前提。二是内部产权关系。它是对民办高校内部各项产权权能的具体分解和重组,即民办高校的内部组织机构与治理机制、民办高校与政府间的关系及民办学校的产业运行机制、民办高校资源的合理配置。①

二、民办高校产权的分类

民办高校产权的分类按照不同的因素有不同的表现形式,而目前最主要的就是按民办高校产权主体的不同来分。民办高校产权分为以下几个方面。

(1)民办高校举办者或投资者对创建学校时的前期投入的所有权、对投入资本增值部分的收益,以及对学校运行过程中的经营权与经营责任。

(2)民办高校在发展过程中如有政府或者公益资本参与,则政府机关代表公众利益而享有的对社会各界捐资民办教育的所有权、公益捐资办学的增值部分产生的收益权、政府对民办高等教育事业进行直接或间接资助以及制定优惠政策而对应的财产性收益权,政府教育机构需要在具体的监管环节承担相应的责任。

(3)民办高校投资主体在具体的运营过程中对应的收益权。

---

①王培根. 高等教育经济学[M]. 北京:经济管理出版社,2004:306 – 308.

（4）民办高校内部管理者与学校教职员工在工作过程中所享有的对工资与相关福利待遇的收益权。

三、民办高校产权的特点

民办高校从属于民办非企业单位，相对于常规意义的企业而言，具有以下显著特征。

1. 民办高校产权是财产性的权利

民办高校对应的产权指代的是高校各类财产权利的总和。目前社会针对民办高校对应的产权问题展开了具体研究，很多专家都是运用经济学领域的产权概念进行界定的，诸如高校开设的专业相关的事务，专业结构以及对学校整体的管控等，还包括大学文化的建设等。这些问题在很多领域都已经超出了纯粹的财产范畴。

2. 民办高校产权是一种权利束

产权作为一种权利束，也可以将"束"这一概念进行相应的分解。研究者对民办高校对应的产权问题展开具体分析时，需要对"权利束"这一概念进行有效的分解，否则，与民办高校产权相关的研究也难以具备相应的意义。这种划分具备的意义比较弱，主要是由于这种分析对应的界限不够明确，而且在具体的操作过程中难以产生实际意义上的效用。同时需要具体研究明确的问题就是民办高校产权在权利归属问题上还有待进一步明确，而且这些权利受到的限制条件也有待进一步明确，这样才能充分促进我国民办高校产权的发展。

3. 民办高校产权要明确产权的主体与客体

民办高校对应的产权客体主要指代的是民办高校本身所拥有的实际财产，这也代表了研究者的普遍观点。常规而言，其争议是很小的，然而民办高校对应的产权主体从属于哪一范畴还存在很大争议。大部分研究者认为民办高校产权主体是民办高校的投资者或举办者，从严格意义上来讲，这种分析是不全面的。对民办高校对应的产权问题展开具体分析时，还需要充分明确高校内部各个方面的权利归属状况，从而明确各个主体需要承担的责任与义务。因此，只有准确界定民办高校对应的产权问题，才能明确学校的产权，从而避免产生"产权不清"的问题。这样才能进一步明确产权，更好地指导解决我国民办高校在产权保护方面的问题。

4. 民办高校产权是残缺的产权

结合实际发展概况来看，由于受到各类因素的影响，任何财产性权利都是相对而言的，而且都存在相应的局限性。民办高校的投资主体需要参照法律的规范来明确自身享有的使用权。常规而言，仅仅当教育服务对应的消费主体即学生缴纳了学费，才能够使用学校已有的基础设施。然而在现实生活中，很多情况下，除去学校的内部人员，一些外来人员也可以在不支付相应成本的条件下来使用高校已有的基础设施,诸如可以去大学听课或利用大学的操场进行跑步等。在这种状况下,学校的产权主体则无法采取相应的措施来排除其他主体对相关资源的使用。这就是民办高校产权使用权的不完整。

5.民办高校产权需要相关法律的承认与保护

"权利从哪里来? 往往都是源于法律,所有权利都是国家基于法律的名义而产生的。"[1]本质上而言,产权虽为经济学领域的概念,然而对应的内容却需要依托法律来进行保障。此外,在一定程度上,也可以发挥社会道德的约束效用。然而对于法治国家来说,产权应该提升至法律层面。只有利用法律对产权进行具体的界定之后,才能对人们的预期进行有效调整,从而更好地保障产权。所以,民办高校产权对应的理论研究还有待深入,在具体实践环节的问题已严重影响了高校的稳健发展,这也需要相关法规体制来进行相应的约束。

第二节　民办职业院校法人制度的完善

世界私立教育的发展经验表明,构建一套完备的学校法人制度,是实现民办教育良善治理、维系民办学校稳健运行的关键所在和基础要件。同样地,要从根本上推动和促进我国民办教育事业又好又快发展,在改进和完善包括宏观管理体制在内的民办教育外部治理制度的同时,还必须建立健全学校内部法人治理制度,逐步形成由利益相关者多方参与的共同治理局面。

一、民办职业院校法人制度建设的必要性

随着我国民办教育事业发展进程的不断推进,各级各类民办学校的组织形态及内部治理得到了不同程度的改善。从最初个人或家族办学,到后来多人合作或合资办学,再到2000年前后大规模兴起的企业投资办学;民办学校尤其是民办高校的治理形态也不断从"人治"走向"法治",逐步朝着现代学校制度的方向演变。但是,从微观运行角度看,当前我国民办学校在自身发展及内部治理上,仍然面临着不少问题和矛盾,主要表现如下。

1.办学行为欠规范

实际中,一些民办学校在招生宣传上夸大其词,在录取环节违规操作,在收费项目上不明不白,在教学安排上偷工减料,在就业统计上弄虚作假,在文凭发放上欺骗学生……

---

① 王一涛.民办高校产权:概念的阐释及分析框架的建构[J].现代教育科学,2010(7):31-36.

由此而导致的一些负面事件,已不同程度地损害了民办学校的整体形象,影响了民办学校的社会声誉。

2.组织制度不健全

有的学校董事会形同虚设,举办者与办学者之间矛盾尖锐;有的学校董事会不按章程规定和教育规律行事,不恰当地介入校务当中,造成学校管理混乱;不少民办学校领导班子年龄老化,学校缺少生机和活力;相当一部分民办学校的法人财产权尚未落实,学校稳定运行缺少保障。

3.党的建设不到位

不少民办学校中党的机构不健全或被虚置化,与董事会、校行政关系不协调,党组织的政治核心和监督保障作用难以有效发挥,致使有的民办学校违规违纪办学,乃至发生一些偏离办学方向的错误行为。

4.教师权益无保障

不少民办学校工会组织薄弱,教职工代表大会等民主管理和民主监督制度形同虚设。这导致教职工的合法权益得不到有效保障,缺少组织认同感和集体归属感,从而造成人心思走、队伍不稳。

5.学校发展缺后劲

不少民办学校缺乏科学规划,盲目求全求大,定位存在偏差,发展缺少依托,在办学上搞低水平重复建设,大量举债、盲目扩张,导致学校债台高筑、危机四伏、难以为继。

分析表明,民办学校之所以存在上述种种问题,与其内部法人治理制度建设滞后有很大关系。由于产权关系不清,法人财产权没有落实,相当一部分民办学校在治理结构上以及内部各类权利主体之间,普遍存在"分工不明、关系不顺、程序不清"的现象。这导致决策机制不够健全、执行机制出现扭曲、监督机制严重缺位,从而造成不少民办学校重大决策的盲目性、随意性,内部管理的无序性、低效性,以及办学行为的功利性、短期性。这种状况严重影响了民办学校的良性运行和健康发展,已经到了非解决不可的地步。

二、民办职业院校法人治理制度的构建原则

理论上,民办学校兼具公益性和非政府性双重特点,公益性使之不同于一般企业,非政府性使之不同于公办学校。同时,现阶段民办教育主要由民间资本投资举办的现实,又决定了我国民办学校具有不同于西方纯粹捐资举办的私立学校的诸多特质。因此,在构建我国民办学校法人治理制度时,既要有效借鉴国外先进经验,又要坚持从具体国情出发。在中国现实环境下,构建民办学校法人治理制度,应遵循以下基本原则。

1.兼顾学校法人特殊属性的原则

修法后,尽管营利性民办学校将会获得一定程度的发展,但从政策导向看,我国民办

学校的主体仍将是非营利性法人。作为以育人为宗旨的特殊法人,民办学校的办学目标既不同于营利性法人,也不同于一般非营利性法人,必须遵循教育基本规律,突出教师主体性,重视维护广大受教育者的切身利益。因此,在治理上要强调共同治理,注重各方代表,正确处理不同利益相关者之间的关系。

2. 保持公益性和市场性相统一的原则

与公办教育多由政府举办和管理不同,民办教育因应市场而生,在内部治理上强调市场机制,必须协调处理好教育活动公益性与经营管理市场性之间的矛盾。因此,非营利性民办学校法人治理制度的构建,毫无疑问首先应当确立公益理念,同时又要注重发挥自身体制机制的优势,增强市场意识和成本观念。这是由民办学校独特的生存环境所决定的。

3. 维护民办学校法人人格独立的原则

没有独立的法人人格,就不可能有完善的法人治理结构。民办学校法人也必须具备一般法人独立人格的基本元素,即以独立财产为基础,冠以独立的名称,进行独立的意思表示,并独立地承担民事责任。构建民办学校法人治理制度,既要在落实民办学校法人财产权等要素上下功夫,也要在推进教育管理体制改革、落实学校办学自主权方面花力气。

4. 强调权力分治及相互制衡的原则

虽然非营利法人治理结构与公司治理结构不尽相同,但其决策权力机构、执行管理机构和监督保障机构一般都必须分设,且决策权、执行权与监督权应该彼此分立并相互制衡。基于此,民办学校在构建内部法人治理结构时,应凸显权力分治及相互制衡的原则,建立健全自身的决策、执行和监督机制。

5. 坚持自律与他律相结合的原则

自律和他律从不同角度形成对学校办学活动的监督和制约,二者不可或缺,且必须有机结合、相互支撑。对于学校来说,其群体及其个体行为具有更高的自觉性和更强的自我约束力。在内部治理上,应更加凸显内部自律作用,但同时也要积极发挥外部他律作用。基于教育的公益属性,政府及社会适度加强对民办学校内部治理活动的监管,不仅是必要的也是可行的。

三、民办职业院校法人治理制度的基本构架

借鉴国外私立学校治理经验,结合我国民办学校实际情况,推进民办学校法人治理制度建设,重点是要建立学校法人产权制度、健全内部法人治理结构、完善法人外部治理环境。就学校层面而言,健全的法人治理制度体系的总体框架应由以下四项制度构成。

1. 建立独立完整的产权制度

拥有独立完整的财产,是法人之所以为法人的一项基本特征,也是法人存在的前提条件之一。在财产权上,没有无权利的主体,也没有无主体的权利。作为具有独立法人地位的法人,民办学校要具备独立享有民事权利、承担民事义务的能力,就必须在理论上、立法上和实践中被赋予各种财产权利,包括对各方面投入所形成的学校资产的占有、使用、处分和收益等权能。这些财产权利也即通常所说的法人财产权。这项制度需要结合民办学校分类管理的实施和推进,而积极稳妥地加以确立。

2. 建立民主科学的决策制度

完善学校章程,健全决策机构,优化决策机制,规范决策程序,从而实现决策的民主化、科学化,这是完善民办学校法人治理结构、构建民办学校法人治理制度的核心内容。理论和实践表明,建立民主科学的决策制度,重点在于推进民办学校董事会(或理事会)制度建设,关键是要优化人员结构、明确职能权限、完善议事规则,形成一个内外结合、多方参与、程序规范、运行高效的决策体系。其中,尤其要加强民办学校中党的建设,进一步完善党组织在学校决策和办学中的政治保障作用。这是当前和今后一个时期,推进民办学校内部法人治理制度建设的重点和难点。

3. 建立专业高效的执行制度

建立健全董事会(或理事会)领导下的校长负责制,推动校长队伍职业化发展,提高以校长为核心的行政管理团队的执行力和战斗力,这是维系民办学校稳健运行和科学发展的重要载体,也是构建民办学校法人治理制度的重要内容。在普遍存在委托代理关系的现实条件下,加强民办学校执行机构的建设,一方面要依法保障校长独立行使教育教学和行政管理权,另一方面要着力完善校长的激励与约束机制。在这里,不能单靠学校举办者自身的觉悟,还需借助政府力量和相关规制加以稳步推进。

4. 建立多元制衡的监督制度

监督制度的作用,旨在通过逆向控制和行为约束,增强组织的自我控制、相互制衡的能力,引导和规范组织行为朝着目标机制指引的方向高效运行。对民办学校任何权力的配置和运用,也应建立起相应的监督机制。因此,作为法人治理制度不可或缺的重要组成部分,民办学校监督制度的建立,除了要普遍设置监事会等独立的内部监督机构外,还要从实际需要出发,适时建立起强有力的外部公共问责制。在这一点上,相关部门可以探索建立民办学校独立监事制度,并进一步完善向民办学校派驻党组织负责人兼任政府督导专员制度。

第三节　民办职业院校的产权流动

一、产权流动的含义、特征

产权流动是个具有广泛意义的概念。产权流动与产权交易、产权转让、产权流转在本质含义上是一致的,均指不同法定主体之间进行产权体系即财产所有权、使用权、收益权及处置权的全部或部分的转移,以完成资本转移和生产要素的流动。[①] 围绕产权交易行为而形成的经济法律关系称为产权交易法律关系,由此建立的各类产权主体有偿转让其产权的交易场所,构成了产权交易市场。产权交易市场主要包括产权交易所、产权交易中心、资产调剂市场、承包市场或租赁市场以及网上产权交易系统等。

产权流动一般具有以下特征。

(1)产权交易的标的较为广泛。当前,各产权交易标的主要是非上市企业的产权和上市企业的非证券化产权,主要包括物权、债权、股权、知识产权等各类财产权。

(2)产权交易形式灵活多样。通过产权交易市场进行的交易形式多样,主要包括承包、租赁、参股、控股、拍卖、兼并、收购、部分股权买卖等。

(3)具有积累交易信息、价格发掘功能。产权市场提供产权交易主体之间交易的信息,能够比较真实地反映出市场上的供求关系,从而形成交易价格,使发现价格的成本大大降低;并使得潜在的交易者对交易价格能够做出合理的预期,以减少交易费用,促进交易。

(4)受国家政策影响较大。围绕产权交易建立的产权交易市场,在形成之初其主要目的是避免国有资产转让过程中国有资产的流失,因此其生存与发展在一定程度上取决于国家的政策和制度,受国家宏观调控影响较大。

二、产权流动的主要类型

产权流动主要发生在企业之间,依据不同标准,产权流动有不同的分类。有学者依企业形态不同,将产权流动划分为股权转让和(狭义)产权转让。其中股权转让,即指限于股份有限公司和有限责任公司的投资权益转让;(狭义)产权转让,泛指国有企业、集体企业、私营企业的投资者权益转让。依据企业产权转让的份额大小对企业构成的影响,可划分为控制、合并、收购三种类型。[②]

---

① 张利国,严翔. 论民办高校的产权流动[J]. 高校教育管理,2014,8(2):38-43.
② 龙卫球. 什么才是"产权流动"[J]. 中国市场,1995(1):43.

产权交易可按不同的标准进行分类。[①]

（1）整体交易和部分交易。这是按照产权交易内容的不同所做的划分。整体交易指把狭义所有权、占有权、支配权和使用权等特定产权整体进行交易。部分交易指对产权中的任何一项或几项权利的组合进行交易，有时亦指将企业产权中的一部分（如部分股权）转让。

（2）无期限交易和有期限交易。这是按照产权让渡的期限所做的划分。其中，无期限交易指产权的永久让渡，如所有权原有主体一旦让渡，就不可能再收回，若要收回只能进行另一次购买行为。有期限交易指的是产权的有期限让渡。

（3）购买式、兼并式和承包租赁式交易。这是按照交易方式的不同所做的划分。购买式交易主要指一企业通过竞价方式出资购买另一企业的全部或部分产权，竞价方式有拍卖或标购等。兼并式交易，即一个企业通过控制产权来控制其他企业，兼并企业仍然存续而被兼并企业均不复存在（新设式合并）。承包租赁式交易，即企业经营权的转让在承包或租赁期内有效。

（4）现金式、承担债务式和吸收入股式交易。现金式交易指用现金购买其他企业的资产。承担债务式交易指在被转让企业的资产与债务等价的情况下，一企业以承担被转让企业债务为条件接受其产权。吸收入股式交易即被转让企业的资产所有者将被转让企业的净资产作为股金投入另一企业，成为后者的股东。

三、民办职业院校产权流动的主要形式

根据民办学校产权流动主体的不同，民办学校的产权流动主要涉及举办者产权流动和民办学校本身的产权流动。

（一）举办者的产权流动形式

1. 举办者原始出资权的转让

可以参照有限责任公司股东转让的相关规定，允许举办者对原始出资权进行转让。

（1）产权的内部转让。即有多个举办者举办的民办学校，举办者之间可以相互转让其全部或者部分原始出资权（有些地方称之为"举办权"，举办权是个含义不确切的范畴，缺乏经济学和法学上的意义）。举办者转让其权利时，应当就原始出资权转让事宜书面通知其他共同举办者或学校，其他共同举办者或学校自接到书面通知之日起30日未答复的，视为放弃优先购买权。

（2）产权的外部转让。即举办者有权向其他举办者或学校之外的人转让其原始出资

---

①李明良,吴弘.产权交易市场法律问题研究[M].北京:法律出版社,2008:29-30.

权,但该转让应当经学校董事会或理事会同意。在同等条件下,其他举办者或学校享有优先购买权,并且该转让原则上不得改变原始出资权的使用用途。2010年《广东省实施〈中华人民共和国民办教育促进法〉办法》对此做了类似的规定。

2.举办者原始出资权的继承

举办者为自然人时,其死亡后,合法继承人可以继承举办者的原始出资权。同时,考虑到自治原则,可规定:学校章程对此有另外规定的,依其规定。

3.举办者原始出资权的赠予

举办者可将其原始出资权无偿赠予他人,但学校章程另有规定的除外。当然,为保证民办学校财产的稳定性,可以对民办学校举办者产权的流动设置一定的限制性条件。

(1)不得撤资的规定。规定民办学校办学未满五年,举办者不得撤回投资。

(2)实行备案制。即在不影响法人财产稳定的前提下,举办者对其原始出资权的转让或赠予须经学校决策机构同意,并报经教育主管部门备案。

(3)核准制。即转让或赠予时应由中介机构进行财产清查、审计,并经教育主管部门批准。未经批准的,不得转让或赠予。其中,举办者对民办学校投入的资产属国有资产的,还须经教育主管部门审核同意,并报同级国有资产监管部门批准后,按国有产权交易有关规定转让。

(二)民办高校产权流动的主要形式

产权流动的基本方式是产权交易,是指在不同法定主体之间进行产权体系即财产所有权、使用权、收益权及处置权的全部或部分的转移,以完成资本转移和生产要素的流动。从我国目前民办高校产权流动的形式看,它主要分为两个层次:产权整体转让、产权分割转让。

1.产权整体转让

民办高校产权整体转让是指民办学校所有权发生转移生产要素整体流动,产权价格一次性付费的产权流动形式。其主要包括兼并、合并、拍卖以及招标转让等。

(1)兼并。兼并指通过产权的有偿转让,把其他学校并入到本学校,使被兼并的学校失去法人资格或改变法人实体的经济行为。通常是一家学校以货币或其他形式购买取得其他学校的产权,使其他学校丧失法人资格或改变法人实体,并取得对这些学校的决策控制权。

(2)合并。合并是两个或两个以上的民办学校合并为一个民办学校的法律行为。民办学校合并的基本形式包括吸收合并和新设合并。其中,吸收合并指一个民办学校归并到另一个民办学校中去,被吸收者法律地位丧失,吸收者继续存续的法律行为。新设合并是指两个以上的民办学校合并为一个新的民办学校,原来的民办学校消失。

合并与兼并的概念存在交叉,但不能简单等同。狭义兼并在实质上等同于吸收合并,而广义兼并与收购在内容上基本重合。根据各国的立法和实践,大多数国家对兼并采取了狭义解释,以区别于公司合并与公司收购。

(3)拍卖。拍卖指通过公开叫价的方式将学校产权卖给出价最高的购买者的一种产权流动形式。学校产权拍卖既可整体转让,也可分割转让。

(4)招标转让。招标转让指转让产权存在多名受让意向者,转让的标的相对复杂,采用公开竞价的形式,由评标委员会评出的最优投标者成交的产权交易方式。学校产权招标转让既可整体转让,也可分割转让。

2.产权分割转让

产权分割转让是指民办学校产权分割为所有权、占有权和经营权等,并分别进行转让,从而实现产权转移的一种产权流动形式。其主要有托管、承包经营或租赁经营等方式。

在民办学校所有权与经营权或使用权分离的前提下,很多法人和组织相较学校更具备资金、管理、信息以及市场等优势,更可能提供满足教育需求多元化、保证学校资产保值升值的产品或服务。因此,在保持学校资产所有权不变的情况下,将学校部分资产的经营权或使用权以上述方式交由法人或组织管理不失为一种理想选择。

(1)托管。托管指学校通过订立契约的形式对法人的财产权进行全部或部分让渡,以实现财产经营权和使用权的有条件转移。受托者通过管理经营受托学校的资产,使学校资产得以保值、增值。托管可分为所有权托管和经营权托管。其中,经营权托管是委托方仅把学校的经营权委托给受托方,而没有转移所有权的托管形式。当前,我们建议学校的托管方式以经营权托管为宜。

(2)承包经营或租赁经营。承包或租赁经营指学校将其部分资产承包或出租给承租人使用,并收取一定费用的一种经营方式。其特点有二:一是学校资产的所有权和经营权两权分离,承租者只享有学校财产的经营权,其所有权始终归属学校;二是交易可分期,学校法人财产的经营权可以分期转让,转让时间的长短取决于双方的合约。

(三)地方政府在产权流动方面的制度规定

随着国家推进民办教育改革发展的新一轮政策出台,国内许多地方对民办学校产权流动问题也进行了大胆尝试,以促进民办教育资源的合理流动,提高民办教育的发展活力。例如,自2010年以来,温州市在其民办教育综合改革试点中先行先试。对于民办学校产权流动问题,温州市明确提出,民办学校的收费权、办学权、知识产权、著作权、商标权都可以用于质押。对于非营利性民办学校,其非教学设施可用作抵押,营利性民办学校的设施可作抵押,从而突破了相关法律规定。同时,创新民办教育投资融资的形式,比如组建国资引导、民资参与的教育担保公司,为民办学校提供短期资金周转、贷款担保等服务。支持民办学校依照国家规定利用捐赠资金和办学结余设立教育基金,通过专业基金运营机构运作,实现保值增值,鼓励营利性民办学校探索创建教育私募股权投资基金,发展教育产业等。这些都体现了制度创新。

《广东省实施〈中华人民共和国民办教育促进法〉办法》第27条规定:"共同举办的民办学校,举办者之间可以相互转让其全部或者部分举办权。民办学校举办者转让其举办权的,在同等条件下,其他共同举办者有优先受让权。"该条款包含两层意思:一是举办者可以依法转让举办权;二是举办者转让举办权时,其他共同举办者在同等条件下依法享有优先受让权。该办法属于地方性法规,其法律位阶低于《中华人民共和国民办教育促进法》(以下简称《民办教育促进法》)。该办法是地方权力机关广东省人大常委会为执行《民办教育促进法》,在不同上位法相抵触的前提下,根据广东省的具体情况和实际需要而制定的。该办法为民办学校举办者转让举办权提供了有效法律依据。

2014年,山东日照海事专修学院通过股权质押方式融资2 000万元。据悉,这是日照市首笔民营院校股权质押融资贷款,为山东省民办院校、民办医疗机构等非工商登记企业探索出了一条全新的融资渠道。

四、民办职业院校股权转让

近年来,不少省市规定建立民办学校股权登记制度,出资人按出资比例享有民办学校的股权,由民办学校的登记注册部门即各级民政部门进行民办学校的股权登记。不少学者也主张建立民办学校股权转让制度,允许其进行股权自由转让、质押、抵押等交易行为。设立民办学校股权转让交易平台,人民银行、银监部门应做出相应政策安排,允许利用民办学校股权进行抵押质押贷款,以破解教育设施不能抵押贷款的难题。

对于营利性民办学校而言,股份转让是股东回收其投资的主要方式,且在股东日渐趋债权化之今日,股权转让是其重要的产权流动形式,为此应作为一个重要问题加以分析讨论。

所谓股权转让,是指公司股东依法将自己的股权让渡给他人,使他人成为公司股东的民事法律行为。我国的公司分为有限责任公司和股份有限公司,对有限责任公司股权以及股份有限公司股份转让限制的态度判然有别。前者实行"原则限制,例外自由"的做法,后者采取"原则自由,例外限制"的方式。[1] 这在现行的《中华人民共和国公司法》(以

---

①蔡元庆.股份有限公司章程对股权转让的限制[J].暨南学报(哲学社会科学版),2013,35(3):14-21+161.

下简称《公司法》)第71条和第137条可见端倪。[1] 基于研究需要,我们主要结合有限责任公司股权的外部转让对民办学校股权转让行为进行研究。

(一)股权转让的法律程序

《公司法》规定,有限责任公司的举办者有权向其他举办者或学校之外的人转让其原始出资权,但该转让应当经学校董事会或理事会同意。在同等条件下,其他举办人或学校享有优先购买权。该转让原则上不得改变原始出资权的使用用途。具体实践中营利性民办学校的股权外部转让还应该注意以下程序。[2]

1. 对目标学校进行评估或审计

目标学校是指被转让股权的学校,被转让的股权称为目标股权。对于目标学校而言,其最关心的是目标股权是否值得购买,以及以什么价格购买合适。因此,为了准确判断目标股权的实际价值,需要对目标学校进行评估或审计,并以评估或审计结果作为确定目标股权转让价格的依据。受让方会在评估或审计结果出来后,审视目标学校的资产状况,并决定是否进行投资。评估和审计作为确定目标股权价值的两种方式,其法律意义和实践运用并不相同。法律对应当适用评估的股权转让情况有明确规定,除此之外,交易双方可以自由选择评估或审计。

对于法律没有强制要求评估的股权转让,交易双方可以自由选择采用评估或审计的方式对目标学校的资产状况进行清算。实践中采用审计的方式较为普遍,目标学校经审计的净资产值将作为协商定价的参考,但不具有强制性的指导意义。

2. 交易双方以及目标公司应履行内部批准程序

按照《公司法》第71条的规定,转让方应当就股权转让事项书面通知目标公司的其他股东,并取得其他股东过半数的书面同意。通知内容应包括受让方基本情况、转让股权的比例、转让价格、支付方式等。如果目标公司为中外合资经营企业或中外合作经营企业,按照《中华人民共和国中外合资经营企业法》和《中华人民共和国中外合作经营企业法》及其实施细则的规定,转让方应取得目标公司其他股东的完全同意。并且由于中外合资经营企业和中外合作经营企业的最高权力机构是董事会,则股权转让这一属于公司的重要事项均须董事会批准。董事会的批准应以书面决议的形式做出,并由董事签署。

---

①2013年修改后的《公司法》第71条规定:"有限责任公司的股东之间可以相互转让其全部或者部分股权。股东向股东以外的人转让股权,应当经其他股东过半数同意。股东应就其股权转让事项书面通知其他股东征求同意……经股东同意转让的股权,在同等条件下,其他股东有优先购买权……公司章程对股权转让另有规定的,从其规定。"该法第137条则规定:"股东持有的股份可以依法转让。"其后条文大体上是对特殊主体在特定期间内转让的限制。

②吴斐雯.有限责任公司股权转让的法律程序[J].农村经济与科技,2008(5):8-9.

营利性民办学校亦应参照《公司法》相关规定,由转让方向所在学校的其他股东履行书面通知,并需征得其他股东过半数书面同意的义务,涉及向中外合资或合作经营的企业或学校转让的,应征得学校股东同意,并经学校董事会批准同意。

3. 签订股权转让协议并办理公证

为保证交易的规范有效,交易双方应在协商一致后签订股权转让协议,就转让股权的数额及价格、双方的权利和义务、协议履行期限和方式等做出具体规定,以约束和规范交易双方的行为。特别是为防止国有资产的流失,对于国有股权的转让,应做出更为严格的限制。民办学校中涉及国有股权转让的部分,无论是采用协议还是招投标、拍卖等方式,转让方均须事先取得国有资产管理部门的批准,股权转让协议除应遵守《合同法》的一般规定外,还应注意国家部门规章对协议条款的特别规定。如《关于外国投资者并购境内企业的规定》第22条和《企业国有产权转让管理暂行办法》第19条,分别对外国投资者购买国内公司股权的转让协议和国有股权转让协议应具备的条款做出了明确规定。

股权转让协议是否必须公证,目前没有全国性的统一规定,各地的做法不尽相同。大部分地方法规允许交易双方自由选择是否公证,只有少数地方法规规定必须办理公证。现行的公司变更登记制度不能对申请人的意思表示真伪进行实质审查,法院多从保护交易结果的角度裁判争议。特别是民办学校股权转让制度刚刚起步,为减少争议,建议在股份转让变更登记中规定强制公证的程序。公司登记机关对超过一定金额的股份转让可以要求申请人委托公证处到现场公证。

4. 取得政府主管部门的批准

一般来讲,民办学校的股权转让属于学校自身的行为,无须取得政府主管部门的批准。但在下列情形下,应该征得相关政府主管部门的同意或批准:①涉及国有资产的转让;②涉及全部国有股权或者部分国有股权转让,致使国家不再拥有控股地位的;③涉及目标学校为外资学校,或目标学校为非外资学校但受让方为外国投资者的股权转让。

5. 办理内部及外部的股权变更登记手续

在转让发生后,目标学校应收回转让方持有的出资证明书,并向作为新股东的受让方发给出资证明书。同时,目标学校应对股东名册进行变更登记,注销原股东名册,将新股东的姓名或名称、住所地及受让的出资额记载于股东名册。

除上述内部变更登记外,股权转让的交易双方还应当办理外部变更登记,以完善股权转让的法律程序。参照《公司法》第179条和《中华人民共和国公司登记管理条例》第35条的规定,交易双方应向工商管理部门申请办理股权转让的工商变更登记,工商变更登记是股东有效对抗第三人的法律证明。

(二)保障股份转让安全的措施

1.建立股份转让安全保障制度

股权转让涉及股份存续安全、股东财产利益安全等问题,特别是当股份转让后,权利人参与公司治理的权利和财产权也随之发生转移,对各方利益主体影响甚大。因此,应建立股份转让安全保障制度,以维护各方主体的利益。

(1)我国公司转让登记实行形式审查原则。目前,我国公司登记机关只是对申请登记者提供的材料进行形式审查,一方面公司登记机关不要求出让股东必须亲自进行转让登记行为;另一方面,公司登记机关只是审查登记申请人提供的材料是否齐备,材料齐备就准予登记,不齐备则不准予登记。因此,当股份被转让后,即使其他股东拒绝承认自己知道或者同意转让股份,声称自己的股份在不知情中被转让了,主张转让行为是非法的,登记机关也会以股权转让变更登记在形式上没有瑕疵为由,不会承担赔偿权利人受损的民事责任,也不会满足当事人申请撤销登记的请求。

(2)我国法院对此类纠纷案件更注重形式正义。实践中,受损权利人往往会基于对登记机关的变更登记行为不服或对转让方的转让行为违法,而向人民法院提出主张宣告股份转让无效的诉讼请求。通常情况下,我国法院主要还是采取形式审查原则来认定事实,只要当事人提供的证据在形式上是真实的,就会被法庭采纳。与公司登记机关一样,法院更看重的是形式上的证据,更多考虑的是程序上的正义。至于实质上的正义,限于条件,目前还是比较倾向于形式主义上的实质正义。在各国商法强调效率优先的原则下,法院在审理此类案子时多从保护商事交易结果的角度看问题,往往以善意第三人的理论推定股份转让协议有效。[①]

(3)目前我国对股权转让行为没有公证这一必需的程序规定。对于股权转让协议,基本上还是基于当事人之间的自愿原则,对于是否必须公证,目前没有全国性的统一规定。股权转让协议是否公证,并不影响协议的法律效力。因此,在面对股权转让行为时,当事人往往因为缺乏一定的专业性和中立性,在股份转让时发生风险。

[①]《最高人民法院关于适用〈中华人民共和国公司法〉若干问题的规定(三)》第26条规定:"名义股东将登记于其名下的股权转让、质押或者以其他方式处分,实际出资人以其对于股权享有实际权利为由,请求认定处分股权行为无效的,人民法院可以参照《物权法》第106条的规定处理。"《中华人民共和国物权法》第106条前两款规定:"无处分权人将不动产或者动产转让给受让人的,所有权人有权追回;除法律另有规定外,符合下列情形的,受让人取得该不动产或者动产的所有权:(一)受让人受让该不动产或者动产时是善意的;(二)以合理的价格转让;(三)转让的不动产或者动产依照法律规定应当登记的已经登记,不需要登记的已经交付给受让人。受让人依照前款规定取得不动产或者动产的所有权的,原所有权人有权向无处分权人请求赔偿损失。"

2. 进一步完善股份转让安全的措施

鉴于此,进一步完善股份转让安全的主要措施如下。①

(1)在学校章程中明确规定股份转让的条件。既然依赖公司登记机关难以避免自己的股权被盗卖的风险,那就应该将防线前移,通过在公司章程中明确规定股份转让的条件来规避风险。作为全体股东意思自治的产物,公司章程对股东与股东之间、股东与公司之间、股东与公司机关之间、公司与公司机关之间、公司机关之间的权利义务责任可以做出负有内部约束力的约定,这是有效抵御各类风险的有效措施。因此,建议在民办学校章程中对涉及股权转让的事项做出详细的规定,主要内容包括:①学校中哪些股份可以转让;②股份转让时各股东是否可以行使优先权,以及当股东没有享受到优先权时已转让的股份是否能够享有参与治理公司的权利;③转让股份是否需要召集股东会(股东大会);④股东会(股东大会)讨论股份转让事项时,是否需要委托公证人员现场公证;⑤股东私下转让股份是否需要委托公证人员予以公证;⑥股份转让的结果是否发布公告,以及发布公告的时间;⑦股份转让的付款是否需要公证,以及付款是否打入出让股份股东的账号。

(2)增加公证的相关规定。鉴于民办学校股权转让制度滞后且不规范,为减少争议,建议在股份转让变更登记中增加公证程序。特别是对于涉及国有资产、国有股权转让,涉及外资的股权转让,转让数额大以及对学校产生重大影响等情形规定强制公证的程序,在上述情况下的股份转让可以要求申请人委托公证处到现场公证。

(3)公司登记机关发布股份转让指引的标准文件。建议公司登记机关就民办学校的股份转让提供一份标准事项的指引文件。文件内容至少应当包括:①拟转让股份的确权程序,明确股东股份转让时应当首先明确股权的法律属性;②拟转让股份权利人的身份证明程序;③拟转让的股权不涉及不得转让和符合转让限制的公司声明;④股份转让协议及是否应有公证的规定;⑤股份转让的对价及其付款方式、付款的账号以及付款的验证方法。

此外,可借鉴婚姻登记制度的相关规定,建议在股份转让变更登记原则上由权利人本人亲自进行。确因特殊事由无法亲自实施的,必须提供权利人的授权委托书和提供公证的条件,以防止权利人的股份被非法转让。对于国有资产、国有股权转让,涉及外资的股权转让,转让数额大以及对学校产生重大影响等情形,规定必须由权利人本人亲自实施。

五、民办职业院校产权流动的信息披露

美国大法官 Brandeis 说过:"公开是诊治现代社会疾病的良药,犹如阳光是最好的杀

---

① 管晓峰. 股份转让程序的法律问题研究[J]. 广东社会科学,2012(3):227-233.

虫剂。"作为一种被广泛接受的制度设计,信息披露制度在产权交易和流动中具有举足轻重的作用。

(一)信息披露制度

信息披露是指公司将直接或间接影响到投资者决策的重要信息以公开报告的形式提供给投资者,供市场理性地判断证券投资价值,以维护股东或债权人合法权益的一种行为。信息披露制度可以划分为强制信息披露制度与自愿信息披露制度。强制信息披露主张以政府干预的力量来对上市公司的信息披露进行规范;自愿信息披露是指在强制性的规则要求之外,公司管理层自主提供的关于公司财务、发展及其他方面的相关信息。[①]

信息披露制度主要有经济学和法学方面的理论渊源。根据国内外理论界的相关探讨,对现代资本市场信息披露制度产生重大影响的经济学理论基础主要有有效资本市场假说、非对称信息理论、随机理论、现代证券组合理论、招牌理论、信托信任学说等。其中,有效资本市场假说和非对称信息理论是现代资本市场信息披露制度的经济学理论基础。[②] 而在法学领域,其主要的理论基础为经济安全理论和社会责任理论。[③]

对于营利性民办学校而言,建立其产权流动或交易的信息披露制度主要具有以下功能。

(1)有利于保护投资者的利益。通过信息披露,能够使受让方、投资者充分了解民办学校的真实情况。这既是其获取知情权的需要,也有利于避免一定的投资风险。

(2)有效约束产权出让人和相关人员的行为,建立有序的产权流动市场。信息披露制度要求产权出让人必须如实公开自己的真实信息,不得有虚假陈述、夸大宣传、误导或遗漏等情形,要求所有参与产权流动诸环节的人员或中介机构,如资产评估机构、会计师事务所、律师事务所等,都要忠实履行自己的勤勉义务和职业操守,否则应承担相应的法

---

① 何进日,武丽. 信息披露制度变迁与欺诈管制[J]. 会计研究,2006(10):18–22+95.

② "有效资本市场假说"认为市场有效性就是指价格已经充分反映了所有可获得的信息。在这一市场中,买卖双方之间的相互行为形成一种特定商品的价格,而这一价格能够全面反映有关该商品的所有公开信息,而且在出现任何新的信息时,上述价格能够立即做出反应,因而无人可以因对信息的占有而获利。其"有效性"一般基于一系列严格的限制条件:(1)市场充分竞争,无垄断和操纵行为;(2)资金无阻碍的流动,交易成本较低;(3)信息成本足够小,且参与者能获得同时、同质的完全信息;(4)所有参与者均为理性。"非对称信息理论"又称为信息不对称理论、不完全信息理论。该理论认为,当市场的一方行动为不完全信息时,就出现了"信息不对称"。非对称信息对证券市场的危害主要体现在逆向选择和道德风险两个方面。

③ "经济安全理论"主要是经济法领域提出的理论。该理论指出,经济安全是经济法的价值取向,法律的任务就是通过营造供求平衡、稳定增长的宏观环境来保障国民经济整体安全,通过公开、有序、竞争来保障个体安全,通过市场监管消除过度投机、信息不对称等所致风险来保障市场安全。"市场主体的社会责任"则要求市场主体在实现个体利益时应尊重社会利益,在行使个体权利时应承担一定的社会责任。这种社会责任集中表现为遵守市场秩序,维护公共利益。

律责任。这样有利于建立健康有序的产权流动市场,促进资源的合理配置。

(3)有利于防止国有资产流失。完善的产权交易信息披露制度可以有效解决场外交易中出现的程序不一、操作各异、信息封闭等带来的诸多问题。通过产权市场信息披露制度促进企业国有产权"阳光交易"制度的建立,发挥产权市场在企业国有产权交易中规范、有序、公开、监督的作用,推动建立"程序统一、操作规范、信息公开、监督有力"的产权流转制度。

(二)民办学校产权流动的信息披露

与一般公司企业不同,民办学校产权出让方有多种法律性质和治理结构。因此,不同性质的民办学校其信息公开应该具有差异性,并非所有涉及产权流转的行为都需要公开。民办学校产权流动的信息披露应该坚持以下原则。

1.坚持一般规定与特殊要求相结合

在公开的原则下,我们认为民办学校产权交易信息公开通常应该包括转让标的的状态、转让标的学校的状况等内容。具体包括:①转让标的的物权状态和物理性状;②转让标的学校的基本情况;③转让标的学校的产权构成情况;④产权转让行为的内部决策及批准情况;⑤转让标的学校近期经审计的主要财务指标数据;⑥转让标的学校的资产评估核准或者备案情况基本条件;⑦受让方应该具备的基本条件。

其中,受让方一般应当具备下列条件:①具有良好的财务状况和支付能力;②具有良好的商业信用;③受让方为自然人的,应当具有完全民事行为能力;④国家法律、行政法规规定的其他条件。

同样的,对于涉及国有资产、国有股权转让的,涉及外资的股权转让的,以及人力资本产权、技术产权交易等交易信息应该遵守信息披露的特殊要求。比如对于涉及国有资产、国有股权转让的,可以参照国资发产权〔2004〕268号文件《关于企业国有产权转让有关问题的通知》①以及技术产权交易的相关规定,对民办学校相关产权交易的信息披露做出规定。

---

① 该通知第5条称:"为保证企业国有产权转让信息披露的充分性和广泛性,企业国有产权转让相关批准机构必须加强对转让公告内容的审核,产权交易机构也应当加强对企业国有产权转让信息披露的管理。(一)产权转让公告应由产权交易机构按照规定的渠道和时间公开披露,对于重大的产权转让项目或产权转让相关批准机构有特殊要求的,转让方可以与产权交易机构通过委托协议另行约定公告期限,但不得少于20个工作日。转让公告期自报刊发布信息之日起计算。(二)产权转让公告发布后,转让方不得随意变动或无故提出取消所发布信息。因特殊原因确需变动或取消所发布信息的,应当出具相关产权转让批准机构的同意或证明文件,并由产权交易机构在原信息发布渠道上进行公告,公告日为起算日。(三)在产权转让公告中提出的受让条件不得出现具有明确指向性或违反公平竞争的内容。企业国有产权转让信息公开披露后,有关方面应当按照同样的受让条件选择受让方。"

2. 坚持强制信息披露与自愿信息披露相结合

当前,我国没有制定相关法规要求民办学校披露社会责任信息,学校自愿披露的主动性较差。鉴于此,建议制定强制披露与自愿披露相结合的营利性民办学校信息披露制度,强化民办学校信息披露的社会责任。对于涉及国有资产、国有股权转让的,涉及外资的股权转让或者转让行为对学校及利益相关者利益影响重大等情形,应该履行强制信息披露制度,规定信息披露的最低信息要求,要求学校必须披露相关信息,使产权流动在"阳光下运作"。《企业国有产权转让管理暂行办法》明确规定,产权转让涉及职工合法权益的,一定要听取职工代表大会的意见,职工安置方案必须要经职工代表大会讨论通过。这些可以作为民办学校产权转让时对利益相关者信息披露的参考。

此外,对学校信息披露中的道德责任,则应采取自愿制度,鼓励社会责任意识强的学校做更多的自愿性披露。

3. 加强营利性民办学校产权交易平台建设

为加快产权流动,减少交易成本,有效配置资源,建议尽快建立民办学校产权交易平台,促进信息共享,为各类产权寻觅更好的增值生存环境。《上海市产权交易市场管理办法》第10条规定:"产权交易市场应当建立产权交易信息发布网络平台,形成可供上网查询的信息网站和数据库系统,及时提供产权交易的信息、管理制度、交易规则和相关的法律、法规、规章及政策规定。产权交易市场建立的产权交易信息发布网络平台,应当与国资、工商等有关权证变更登记管理部门实现网络互联或者信息交换。"营利性民办学校产权交易也应该建立产权交易信息发布网络平台,或直接对接企业产权交易信息发布网络平台,提高产权流动效率。同时,考虑到网络的风险性,有必要通过指定报刊和指定场所公告等方式来补充。政府相关部门或指定的特定中介服务机构要加强对信息发布平台的整合和监控。

六、民办职业院校产权流动的制度构建

(一)明晰举办者与民办高校的产权界定

产权清晰、权责明确的产权制度是民办教育产权流动的前提和关键。广义上的产权界定包含两个层次:一是在财产尚未形成经营能力之前对财产所有权的界定,主要目的在于明确财产所有权的归属;二是在已明确所有权物质基础上对财产占有、使用收益、处分各项权能之间的界定,主要目的在于合理调整财产所有权实现过程中的各项经济关系,保证最大限度地维护和发展所有者权益。

长期以来,由于投资主体多元化以及我国民办教育独特的发展轨迹,产权问题一直成为困扰民办教育发展的制度瓶颈。当前最主要的是着力解决好举办者与民办学校的产权归属问题。

1. 举办者的产权界定

"谁投资,谁收益"的传统产权界定原则并不完全适用于民办学校的举办者。以民办学校设立登记之日为界点,举办者在民办学校设立登记之日前的出资称为原始出资,设立登记之日后的出资称为后续出资。就举办者而言,其仅享有对原始出资财产的所有权。同时,基于原始出资财产的所有权,其还享有一定的收益权和处分权。其收益权类似于现行的"合理回报"制度,但又不完全等同于该制度。这主要在于该收益是一种兼具补偿性和激励性的较为稳定的收益。处分权即允许举办者对原始出资财产进行转让、继承、赠予,以及在学校终止有剩余财产时,主张对原始出资财产给予补偿等权利。

在财产构成下举办者的出资既包括货币、实物等物质性资本出资,也包括土地使用权、知识产权以及其他可作价出资的非物质性财产出资。考虑到很多举办者在民办学校创建中具有特殊重要的作用,以及部分优秀教师在学校发展中的特殊地位,可考虑以人力资本作价出资。当然,为保证资本的充实,要严格限制人力资本出资者的主体范围和出资比例。①

2. 民办学校的产权界定

根据《民办教育促进法》及相关法律规定,民办学校的产权主要由以下几部分构成。

(1)举办者对民办学校投入的资产(不包括举办者对民办学校的原始投入财产)。其包括货币、实物、土地使用权、知识产权及其他可作价出资的财产。

(2)民办学校接受国家直接或间接支持投入的资产。其具体包括:①货币投入;②实物投入;③无偿划拨到民办学校的土地使用权;④国家给民办学校的各种优惠减免税费;⑤国家投入的无形资产。

(3)民办学校接受社会捐赠的各种资产。其包括货币、实物或其他财产形式。

(4)办学积累及校产增值部分。

(5)受教育者的学费等。

此外,为保证举办者及民办学校法人财产权的真实可靠,应逐步建立和完善相关法律制度。主要包括:一是明确出资形式、出资比例。要严格规范无形资产、人力资本出资的比重。二是明确举办者或出资人的出资义务和责任,保证法人财产权的落实。2007年公布施行的《民办高等学校办学管理若干规定》尽管对出资人出资过户义务做了规定,但现实情况不容乐观。因此,可借鉴《公司法》相关规定,建立举办者责任制度。如建立举办者对学校的资本充实责任,举办者怠于行使出资过户义务的赔偿责任,出资有瑕疵或违约的举办者对出资没有瑕疵和守约的其他主体的违约责任,以及由于其违约行为导致学校设立失败而应承担的对设立行为的债务和费用的无限连带责任,等等。

---

①张利国.人力资本出资的法律障碍分析及对策[J].中国人力资源开发,2011(8):75-79.

（二）建立完整的教育产权流动体系

当前，我国民办学校产权流动客体的范围较窄，产权流动体系相对残缺。要解决上述问题，需要重点解决两方面的问题：一是深化对民办学校产权流动客体的认识，只要能促进资源合理流动和优化配置的客体（如知识产权、人力资本等）均可以转让交易。二是要改变主要以实物权利交易的现状，逐步扩大股权形态、债权形态的权利流动。要通过股权、债权的转让与交易，逐步建立由政府、高校、各种金融机构等多方利益主体共同参与的股权、债权流动市场，促进实物权利、股权、债权的合理流动。[①]

（三）依法规范资产评估程序

客观、公正、科学、规范的资产评估工作是实现产权流动合法有序的前提和保证。一是要明确民办学校资产评估机构以及验资机构，保证民办学校法人财产的真实可靠。对举办者投入民办学校的资金、实物、土地使用权、知识产权以及其他财产，必须经法定验资机构验资并出具证明。二是要建立专业机构评估与教育部门评估相结合的评估机制，保证评估的科学性和真实性。国有资产评估价值必须经国有资产行政管理部门确认，集体资产评估价值必须经集体经济行政管理部门确认，土地资产评估价值必须经土地行政管理部门确认。三是要逐步完善评估责任制度，防止举办者与评估机构、验资机构串通，提供不实或虚假报告，侵害其他投资者或利益相关者的利益。

（四）建立和完善民办学校产权交易市场

产权交易市场与专业中介机构对于资产的合理流动至关重要。要逐步建立教育产权交易市场，积极培育专业的中介服务机构。教育产权交易市场除发挥一般企业产权市场的信息积聚、价格发掘、制度规范、中介服务的基本功能外，还应履行结构调整功能。

1.信息积聚功能

信息积聚功能指通过市场能向外界提供包括价格、标的等有关产权交易的信息，如民办学校的办学质量、规模、资产状况等，促使有交易意愿的或潜在的买卖双方通过恰当的形式相遇。

2.价格发掘功能

价格发掘功能指通过产权市场为潜在的交易者提供有关民办学校产权交易价格的合理预期，减少交易成本，从而形成交易各方满意的价格规范。

---

①贾建国.我国民办高校产权的新制度经济学分析[J].中国高教研究,2011(7):18-21.

3. 制度规范功能

制度规范功能指通过产权市场对产权流动过程中所发生的各种行为提供制度规范。其包括产权流动信息的形成与传递、产权交易主体的资格审定、价格形成机制、交易行为公开公平竞争等。对民办学校的产权流动而言，考虑到教育本身的公益性、持续性等要求，有关交易主体资格审定、产权交易程序以及产权流动取向等方面的制度规范十分重要。

4. 中介服务功能

中介服务功能指通过实行进场交易委托代理制，简化产权交易手续，缩短产权交易时间，提高产权交易效率。

5. 结构调整功能

当前，我国民办教育已由过去主要依靠增加生源数量和扩大学校规模为主的粗放型增长方式，向主要依靠办学质量和管理效率为主的集约型增长方式转变。特别在当前教育国际化、国内生源数量相对减少的背景下，民办学校的产权流动应主动适应国家产业结构调整和大力推进新型工业化、城镇化的大趋势。产权流动应逐步转向有利于提高办学质量、增强国际竞争能力，有利于提高高新技术和成果的研制与开发，有利于培养高质量、复合型人才，有利于适应教育需求多元化和终身教育等领域，通过产权流动促进民办教育快速健康发展。

（五）完善民办学校产权流动相关法律体系

民办学校产权流动不仅直接关涉到举办者变更、学校资产结构变化、人员安置等一些复杂问题，还涉及财政、金融、税收、社会保障等政策的调整，对各方利益主体影响甚大。因此，应建立和完善有关配套法律法规，规范民办高校产权流动，积极培育产权交易市场，促进民办教育的健康发展。当前主要涉及的立法问题有以下三个方面。

1. 加快民办教育的相关立法工作

要加强对《民办教育促进法》的修订工作，诸如完善民办学校财务清算制度、建立民办学校清算人选任制度、明确清算义务人的义务和责任等，为推进民办学校产权流动创造条件。《教育规划纲要》提出"要实行营利性与非营利性民办学校分类管理试点""依法明确民办学校变更、退出机制""切实落实民办学校法人财产权"等观点。未来民办高校的产权问题一定要在营利性与非营利性民办学校分类管理的制度框架下开展。只有在此框架下，合理设计两类民办学校的产权流动、变更和退出机制，并规定相应的财务、会计和资产管理制度，才能有效解决民办学校产权问题。

2. 加强社会保障体系立法

针对民办学校产权流动有时不可避免带来学校教职员工下岗、学生转学等问题，要完善劳动法和相关配套的行政法规，切实保护劳动者的合法权益。民办学校产权流动时应优先考虑教师和学生的利益,并制订具体的安置方案。国家应尽快建立统一的教师社会保障制度,真正实现民办学校教师享有与公办学校教师同等的法律地位。对民办学校产权流动对学生造成的影响,可建立学分互认制,实现学业衔接。对于因合并、并购而终止的学校,应当妥善安置在校学生。实施义务教育的民办教育终止时,审批机关应当协助学校安排学生继续就学。

　　3. 完善税法,降低学校产权流动的成本

　　目前,我国税法在流转税方面已经形成了一套完整的法律体系,但对于涉及民办学校产权流动的收益税法和财产税法基本上是空白,不同地方税务部门执行的政策也不统一,制约了学校产权的流动。要针对营利性和非营利性民办学校,并根据其产权流动的客体设计不同的产权流动税收政策,鼓励和引导民办学校通过产权的合理流动促进资源的优化配置。

第四节　民办职业院校的清算制度

　　财务清算制度关系民办学校变更、终止等重大事项,是民办教育理论和实践中亟待解决的重要问题。《民办教育促进法》第53条(民办学校分立、合并)、第54条(民办学校举办者的变更)、第58条(民办学校终止)对财务清算制度做了规定。然而,由于相关条文规定过于简陋,立法的逻辑性不够严密,缺乏操作性,特别是相关重要制度存在明显的缺陷,这导致民办学校在财务清算时实际上处于"无法可依"的境地,也为相关机关的有效监管带来了不便。诚如学者所云,正是民办学校在退出和清算制度方面的立法不够完善,缺乏可操作性,使得我国很多民办学校采取"自灭式"的退出方式。由此可见,对我国民办学校财务清算制度进行梳理并进一步完善相关法律制度至关重要。

一、清算制度的一般理论

(一)清算制度的相关概念

1. 解散清算

在传统汉语语境中,"清算"一般包含三种解释:一是指一定经济行为引起的货币资金关系的应收、应付的计算,如证券领域;二是指公司、企业结束经营活动,收回债务,处置分配财务等行为的总和,如公司行为领域;三是银行同业往来中应收或应付差额的轧计及资金汇划,如金融领域。[①] 对于法律语境下的公司解散清算(liquidation),学者们也

①徐彦冰.公司清算法律制度之国际比较[D].华东政法大学,2006.

有不同的认识。有的学者从法律行为的角度对公司解散清算做了规定,认为解散清算就是公司解散后对公司资产和债权债务关系进行清理处分,了结公司业务和债务,向出资者或者股东分配剩余财产,以终结企业所有法律关系的法律行为①。有的学者从程序的角度对解散清算概念作了界定,认为公司解散清算是指公司出现解散事由后,公司自行或者通过公权力机关的介入,按照法定或者章程规定的程序,依法对公司的财产、债权债务进行清理,终结公司现存法律关系,消灭公司法人资格的程序。有的学者综合了上述两种说法对公司解散清算作了界定,认为公司的解散清算就是指为了结债务或消灭主体之目的而清理财产和债权债务的法律行为和程序②。

2. 清算人

关于清算人的概念,理论界存在两种不同的解释③:一种观点认为,清算人即公司的清算事务的执行人,在公司解散后、清算终结前,公司的股东(大)会和监事会仍然存续,董事会则失去其地位,由清算人取而代之。由于清算人执行清算事务,又特称为清算机关。另一种观点认为,清算人是清算事务的执行人,清算期间,清算公司的董事丧失其地位,而由清算人代替。

3. 清算大会与清算代表人

(1)清算大会是由清算人组成的,负责决定与公司清算有关的事宜,并组织清算人从事有关的清算活动,是公司清算事务的执行机构和清算过程中公司的代表机构。其地位相当于公司解散前的董事会,公司董事会随着清算大会的成立而自动撤销。④

(2)清算代表人,即指从清算人中选出的代表,对外能够代表公司进行有关诉讼内外的一切清算事务。⑤

(二)公司解散清算的类型

纵观各国公司立法,公司解散清算主要包含以下几种类型。⑥

1. 普通清算与特别清算

依据主持清算机构的主体及清算启动原因的不同,可将公司解散清算分为普通清算与特别清算。

(1)普通清算是指公司解散事由出现后自行选任清算人,按照法律规定或者章程规

---

①史际春.企业和公司法[M].北京:中国人民大学出版社,2001:82.
②刘敏.公司解散清算制度[M].修订版.北京:北京大学出版社,2012:4.
③董冬.公司法全书[M].北京:中国工人出版社,1993:41.
④董冬.公司法全书[M].北京:中国工人出版社,1993:41.
⑤董冬.公司法全书[M].北京:中国工人出版社,1993:41.
⑥刘敏.公司解散清算制度[M].修订版.北京:北京大学出版社,2012:7-15.

定的一般清算程序进行的清算。通常情况下,法院和公司债权人不直接干预公司清算事务(法定清算人的选任为例外情况)。①

(2)特别清算是指公司因普通清算的执行发生显著障碍,或其负债超过实际资本所启动的一种特殊清算程序,是法院根据申请人的申请而使用不同于普通清算的特别清算程序进行的清算。②

2. 法定清算与任意清算

依据公司是否遵循法律规定的强制性方法和程序,即公司清算是依据法律规定进行还是依据公司自行确定的程序进行为标准,公司解散清算可分为法定清算与任意清算。

(1)法定清算指公司严格按照法律规定的程序和方式所进行的清算。

(2)任意清算指公司解散后依据公司章程规定或者股东会、股东大会决议所确定的方式进行的清算,即不是按照法律规定的方式进行的清算。

3. 解散清算与破产清算

依据公司是否出现破产事由,即公司财产是否足以偿还其全部债务及所采取的不同清算程序,公司清算可分为解散清算与破产清算。

(1)解散清算指公司出现解散事由后,在公司财产尚足以清偿全部债务的前提下,为对公司资产债权债务进行清理,了结公司对内对外所有法律关系而启动的清算程序。解散清算的法律依据是《公司法》的有关规定。

(2)破产清算指公司不能清偿到期债务,并且资产不足以清偿全部债务或者明显缺乏清偿能力时,法院基于公司、公司债权人或者其他准债务人的申请而启动的清算程序。破产清算乃是基于《中华人民共和国企业破产法》的规定进行的清算程序。

二、民办学校清算制度的立法检讨

(一)关于合并、分立财务清算制度的检讨

关于合并、分立规定的法律程序过于粗糙,难以操作。在民办学校合并或者分立的情况下,由谁来组织清算,如何开展清算,清算后的法律后果是什么,《民办教育促进法》均没有做出明确规定,从而导致理论和实践中存在诸多困惑。

(二)关于清算人任职资格与条件的检讨

1. 关于清算人的任职条件

按照各国相关法律的规定,清算人的任职条件一般包括积极条件和消极条件。所谓

①江平.中国公司法原理与实务[M].北京:科学普及出版社,1994:77.
②江平.中国公司法原理与实务[M].北京:科学普及出版社,1994:77.

清算人任职的积极条件,是指清算人所应具备的基本条件。一般要求清算人要具备专业知识和技能,并需要具备一定的职业资格。所谓清算人任职的消极条件,主要指若清算人具有法律规定的消极条件时不得担任清算人,已经担任的应予以解任。一般地,清算人的消极条件主要包括:无民事行为能力人或限制民事行为能力人;有违法、破产记录或个人高额债务的人;违反诚实信用的人等。

2.清算人的选任

依据公司解散的原因以及清算类型的不同,清算人的选任也存在区别。公司立法对清算人的选任,一般均要考虑公司具体的组织形式,对不同性质的公司做出不同的规定。对于法定的清算人一般由两种不同的主体担任:一是出资人担任法定清算人,主要是针对独资公司和人合公司,包括具有人合属性的有限责任公司。二是董事担任法定清算人,主要是针对资合性质的公司。此处的董事包括由法院选任的行使临时董事职务的人。在依解散命令或者解散判决而解散的情形下,公司董事不能担任清算人。《公司法》没有明确规定公司的法定清算人。根据《公司法》第183条的规定,有限责任公司由股东组成清算组,股份有限公司的清算组则由董事会或股东大会确定的人员组成。逾期不成立清算组进行清算的,债权人可以申请人民法院指定有关人员组成清算组进行清算。由此可以推知,有限责任公司的股东、股份有限公司的董事、有关机关或专业人员应为法定的清算人。

《民办教育促进法》以及相关法律制度,对民办学校的清算人、董事、理事的任职条件几乎未做出任何规定,对民办学校法定清算人的选任也语焉不详。仅在《民办教育促进法》第58条中做了规定:民办学校自己要求终止的,由民办学校组织清算;被审批机关依法撤销的,由审批机关组织清算;因资不抵债无法继续办学而被终止的,由人民法院组织清算。上述规定,十分简陋和模糊,难具操作性。首先,在民办学校自行终止的情形中,如民办学校因合并或分立而终止时,究竟由原民办学校还是拟合并或分立的学校来组织清算,究竟应该组织哪些人参与清算,对学校终止负有一定责任的董事和有关人员能否参与?其次,在强制终止的情况下,由审批机关组织清算,审批机关需要组织哪些人员进行清算,是否把被审批机关依法撤销的民办学校的股东、债权人绝对地排斥在清算组之外?最后,因资不抵债无法继续办学的,该事实应该由谁来认定,"终止办学"的决定应该由谁来做出?对这些问题都没有明确的规定。

(三)清算义务的履行,缺乏相应的法律责任作为保障

清算义务人,是指基于其与公司之间存在的特定法律关系而在公司解散时对公司负有依法组织清算义务,并在公司因未及时清算给相关权利人造成损害时依法承担相应责任的民事主体。由于清算义务人是公司清算的组织主体,使之承担必要的义务和责任是

维护社会交易安全、保障清算秩序稳定与健康的重要基石。

清算义务人的义务一般包括以下内容：一是做出清算决议；二是委任清算人；三是监督清算事务。《民办教育促进法》规定，民办学校、审批机关和人民法院分别在民办学校自行终止、行政终止以及因资不抵债无法继续办学三种情形下担任清算义务人，负责组织清算。然而，对于其应当履行的义务以及需要承担的责任却没有做出规定，这就极大地制约了清算事务的顺利展开，也不利于民办学校的合法退出。

三、民办学校终止清算制度的立法完善

（一）树立程序公正理念，完善清算的相关程序

民办学校终止清算制度本质上是一种程序性制度，要在民办学校清算过程中树立程序公正理念，保障清算结果的公平。具体而言，在终止解散清算阶段，要适当拓展清算启动申请权的权利主体范围，保障主要相关利益主体均能为自身合法利益申请启动清算程序，并应当规定清算中的登记与公示制度；在清算运行阶段，应当明确清算事务的决定机制，以及清算人调查、报告等程序制度。此外，还应当赋予各类利益主体对清算过程的监督权和相应的诉权。

（二）强化民办学校终止清算过程中的政府干预

民办学校不同于普通公司、企业，它具有公益性质，强化政府相关部门在民办学校终止清算中的地位和作用，对于保障民办教育的稳定、健康发展至关重要。民办学校终止清算中的政府干预主要体现在以下方面。

（1）相关重要决定的做出。其包括对学校资不抵债无法继续办学状况的认定，对民办学校做出的终止办学的决定书或者已经刊登的终止办学进行公告等。这些对人民法院受理民办学校清算案件具有重要的证明作用。

（2）在清算过程中的主导作用。其包括政府相关部门在行政终止中组织清算，以及在其他情形下对清算活动的参与和指导等。

（3）政府相关部门对民办学校为在读学生做出的安置的审查和监督，对民办学校已经清退受教育者的学费、杂费和其他费用的证据或相关退费预案的审查和监督，对民办学校教职工安置方案的审查和监督，以及政府部门关于应对因民办学校终止或退出导致的突发事件的应急预案。

（三）完善民办学校清算人的选任制度

民办学校清算人的选任制度主要包括两方面的内容：清算人的任职资格；清算人的

选任方式。《民办教育促进法》应从几个方面对我国民办学校清算人的任职资格和选任条件进行全面、合理的规范。

(1)在民办学校自行终止的情况下,规定民办学校解散后原民办学校的董事会或理事会成为民办学校的清算大会,原学校董事或理事成为民办学校的清算人,执行有关的清算事务。如果民办学校章程对清算人的人选另有规定,可以不受此款规定的限制。

(2)民办学校在行政终止的情形下,审批机关组织一定的人员作为清算人,包括一定的专业技术人员、做出撤销决定的审批机关相关人员,以及债权人在内的利害关系人。但对民办学校的撤销负有主要责任的相关人员不在清算人之列。

(3)基于一定的原因致使民办学校的清算人不能产生或者难以产生的,经民办学校自身或利害关系人的申请,可以由人民法院指定清算人并组成清算大会。

因此,《民办教育促进法》可以参照《公司法》中对公司董事任职的相关规定,对民办学校清算人的任职资格进行规定。一方面,规定清算人任职的积极条件。既要考虑清算活动本身的专业性和法律性,又要考虑民办学校本身的社会公益性,适当吸收有利于对师生安置和权益保障提供政策支持的政府主管部门的人员。另一方面,规定清算人任职的消极条件。这些条件包括:无民事行为能力人或限制民事行为能力人;因经济原因受到过刑事处罚的;因违法或违反职业规定被吊销办学许可证的;对民办学校的终止负有直接责任或主要责任的;教育主管部门或人民法院认为不适宜担任清算人的其他人员。

(四)明确清算人的相关权利

未来修订《民办教育促进法》时,应吸收和借鉴有关公司、企业解散清算中的相关制度规定,明确清算人的相关权利。清算人的相关权利主要包括:提议召开学校代表大会的权利;学校诉讼的代表权;学校清算事务的执行权。

(五)明确清算义务人的义务和责任

(1)明确清算义务人的义务内容。其主要包括:做出清算决议;委任清算人;监督清算事务。

(2)建立清算义务人相关责任制度。应结合不同的情况,对清算义务人的相关责任做出如下规定:清算人的清算责任,即民办学校或审批机关等机构承担的对已经终止的学校应当进行清算的责任;清算义务人的侵害债权的责任,即由于清算义务人的作为或不作为而对债权人所应承担的民事责任。

第五节　民办职业院校财产制度的立法演变

一、我国民办高校法人财产权的立法演变

1987 年国务院颁布的《关于社会力量办学的若干暂行规定》(以下简称《暂行规定》)是较早规范民办学校财产权利问题的法律规定。《暂行规定》第 15 条规定:"社会力量办学的学费自行筹集。学校可向学员收取合理金额的学杂费,但不得以办学为名非法牟利。收费标准和办法由省、自治区、直辖市教育行政部门会同有关部门共同制度。"第 16 条规定:"社会力量举办学校的全部收入以及固定资产,归学校所有……"第 18 条规定:"学校停办时,除按原审批办学程序办理注销手续外,应及时进行财物清理,并由举办单位及办学负责人,在当地人民政府及教育行政部门的领导下,处理各项善后工作。"

民办学校可以享有财产所有权,其所有权的客体包括学校的全部收入和固定资产。明确民办学校的财产所有权,这一点即使在今天看来也是值得肯定的。但是,该规定的不足之处也甚为明显,表现如下。①依据《中华人民共和国民法通则》,可以享有财产权的组织只能是法人,而法人必须"依法成立"。民办学校是否具有法人资格,《暂行规定》中没有明确,在当时的其他立法中也未见相关规定。这意味着,民办学校在当时其实是一种不合格的所有权主体。②所有权客体表述模糊。"全部收入"具体包括哪些内容,尤其是出资人投入的财产算不算学校收入的问题表述不明确,而这一点也是出资人最为关注的问题。③学校"全部收入"和"固定资产"不是一对并列的概念,将这两个概念在法律条文中并列使用是不科学的。④除全部收入及固定资产之外的其他财产的权利归属如何确定,在该规定中也不明确。⑤在民办学校终止时,依据《暂行规定》"应及时进行财物清理,并由举办单位及办学负责人,在当地人民政府及教育行政部门的领导下,处理各项善后工作"。关于民办学校的剩余财产如何分配,《暂行规定》的规定也极其模糊,其采取了一种由当地人民政府及教育主管部门"领导"确定的方法,竟然不是由法律来规定。这种规定带有相当的随意性和"人治"的特征,对于财产权这一民事主体的最基本权利来说,显然是不合适的。

面对实践中民办学校在财务管理上的混乱以及"事实上的营利"对民办学校公益性的冲击,原国家教委和财政部在 1987 年 12 月联合发布了《社会力量办学财务管理暂行规定》(以下简称《规定》)。该《规定》第 5 条规定:"社会力量举办的学校应贯彻勤俭办学的方针,严格执行国家财经制度。应本着取之于学员、用之于学员的原则,妥善安排使用学杂费……严禁巧立名目侵占、挪用和私分学杂费。学校主办单位也不得从学校的收入中提成。"第 7 条规定:"社会力量举办的学校停办时,除按原审批办学程序办理注销手

续外，必须在当地教育行政部门领导下，认真清理财、物及债权债务，并按下列原则处理：①学校停办后，除将办学单位、个人投入的财产返还原办学单位、个人外，其结余部分（包括资金、物资、办学场所等），应当移交给当地批准该校办学的教育行政部门，以用于鼓励、支持社会力量办学。结余财产不得挪作他用。②学校停办后，如资不抵债，其亏损部分由办学单位或个人承担。"

与《暂行规定》相比，《规定》的独特性在于，它规定了民办学校终止时剩余财产如何处理。当民办学校资大于债时，将出资人的财产返还给出资人，如果仍有剩余，应当移交给教育行政部门用于鼓励、支持社会力量办学；当民办学校资不抵债时，出资人对亏损部分承担无限责任。上述规定存在如下问题：①该规定在事实上将民办学校定位成了一种民事合伙，这种定位不利于民办教育的发展。民事合伙是以合伙人为成立基础的人合性非法人组织，合伙人对合伙债务承担无限连带责任。上述规定将办学单位和个人与民办学校的财产利益紧密联系在一起，使得民办学校具有等同于民事合伙的人合性。关于无限责任的规定，一方面在事实上否认了民办学校具有法人资格的可能性，另一方面又暗合了民事合伙的基本特征。②财产权利与义务的分配不公平。当民办学校资大于债时，举办单位和个人只能收回自己出资部分的财产而得不到任何收益；而民办学校一旦亏损，举办单位和个人却要承担无限责任。举办者兴办民办教育的行为被"强制性地定性"为一种不计回报的善举。不仅如此，而且要求举办者在进行善举的同时还必须承担沉重的财产责任。这一要求显然过高，依据这种方式操作，必然打击社会力量办学的积极性。

为进一步梳理产权关系，促进经济体制变革，实现企业转型发展，我国于1993年出台了针对市场经济体制构建和发展的政策文件——《关于建立社会主义市场经济体制若干问题的决议》。该文件中首次引入了"法人财产权"这一概念。

1994年，"法人财产权"概念又被引入到《公司法》中，在法律层面确认了公司相对于股东投资财产，依法享有法人财产权。由此对财产权进行了法律确认，并明确了企业法人的财产权地位。在我国发布的《国有企业财产监督管理条例》中，其中相关条款也对法人财产权进行了规定，并促进了相关制度的不断完善、发展。同时，《物权法》更为详细地表述了法人财产权问题，其表述与《中华人民共和国民法总则》的规定如出一辙。

为进一步规范民办教育的发展，国务院于1997年10月颁布实施了《社会力量办学条例》（以下简称《条例》）。该《条例》是对多年来我国民办教育法规和政策的总结和深化。《条例》第36条规定："教育机构在存续期间，可以依法管理和使用其财产，但是不得转让或者用于担保。任何组织和个人不得侵占教育机构的财产。"第43条规定："教育机构清算时，应当首先支付所欠教职员工的工资及社会保险费用；教育机构清算后的剩余财产，返还或者折价返还举办者的投入后，其余部分由审批机关统筹安排，用于发展社会力量办学事业。"国家教委发布的《关于实施〈社会力量办学条例〉若干问题的意见》（以下简称《实施意见》）第6条规定："教育机构的财产应当与举办者的财产相分离，在教育机构存续期间,由教育机构依法管理和使用。要分清教育机构中的国有资产、举办者投入到教育机构的资产和教育机构办学积累的资产,分别登记建账。"

我国民办教育领域第一部真正意义上的基本法律当属《民办教育促进法》(2002年)。其中第35条和第36条规定:在民办学校法人存续期间,出资者的出资部分、国有及受赠部分、收益部分等财产权均属于民办学校法人,并由其按照法律规定和要求加以使用和管理,严禁出现侵占、挪用等情况。这是第一次在民办教育中出现"法人财产权"这一提法,可以说是立法上的重大变革和进步。《国家中长期教育改革和发展规划纲要(2010—2020年)》中提出不断促进民办学校法人财产权的落实,同时要求对民办学校实施分类管理的改革意见。因此,需要以法律方式对民办学校法人财产权进行相应的规制和优化,对各个出资主体及利益相关者的权利关系进行梳理,促进民办学校法人财产权制度的持续发展和不断改革。

2016年新修订的《民办教育促进法》明确了民办学校的自主选择权,允许举办者在营利性和非营利性学校中进行选择,但义务教育类的除外。该法第36条明确规定:出资者的出资部分、国有及受赠部分、收益部分等财产权均属于民办学校法人,并由其按照法律规定和要求加以使用和管理。我国社保、教育和工商等部门联合发布的《关于加强对营利性民办学校监管的通知》第30条明确指出:出资者的出资部分、国有及受赠部分、收益部分等财产权均属于民办学校法人,并由其按照法律规定和要求加以使用和管理,严禁出现挪用、抽逃和侵占的情况,严禁对这些资本实施担保、抵押等行为,在年度财务结算后才能实施结余的分配。

通过对我国民办高校法人财产权产生及变迁的简单历史考察可知:我们对民办高校法人财产权制度的认识,是遵循从无到有、从简单到复杂、从无法可依到有法可依的逻辑轨道。虽然民办高校财产权制度在不断发展过程中出现了有力的法律依据和支撑,但是,在该制度不断深化变革中,财产关系也出现了相应变化——新财产关系的不断出现、旧财产关系的不断消失、财产关系的变更及性质的变化等,这些都体现出我国民办高校法人在地位、权能等方面的变化。具体说来,出资者、捐赠者有权依据法律规定参与学校董事、监事等重大事项,民办高校法人有权依法自主、独立行使民事权利和承担民事责任,校长则为高校法人代表,全面行使各项职权。所有情况的变化促进了法律的变革,推进我国民办高校法人财产权制度的不断发展与完善。

二、民办职业院校法人财产权制度目前存在的主要问题

在民办高校不断发展过程中,随着分类管理的深入进行,民办高校法人财产权管理日益复杂,并出现了诸多问题,如产权不清、权责模糊、虚假出资、抽逃出资、股东侵占法人财产,甚至存在将收取的学生学费作为投资举办者的出资额的违法行为。这些问题将会制约民办高校的持久、有序发展。所以,各级政府及教育部门相继制定实施了具有针

对性的法律法规,不断规范、改进、提升民办高校法人财产权管理工作。尽管越来越多的针对性法律出台实施,相关条款也越来越丰富,但是,民办高校仍然存在出资人未将出资部分产权划归学校法人、出资人资产和学校法人资产难以鉴定、民办高校法人资产随意转移等情况。如何真正落实民办高校法人财产权已成为亟待解决的问题。

(一)法人财产权主体不清、产权不明

《民办教育促进法》属于一般法,具有一定的抽象性与框架性,而新的《民办教育实施条例》还未正式出台。首先,由于《民办教育促进法》未对法人财产权进行明确界定和详细说明,导致民办学校在实施过程中出现曲解和随意实施的情况,造成学校法人财产和个体财产的极大混淆,使举办者可以以此为名对学校日常事务加以介入和干涉。例如,很多民办高校的房产和土地所有权均属于投资方,学校仅拥有设备的财产权;大多数民办学校在初期投资较为到位,少数学校却用办学结余进行其他领域或方面的投资;有的学校财产所有权属于出资方,但学校却成了贷款人,导致民办高校办学成本增加、财务风险加大;还有学校以"应收账款"的方式将学校办学资金长期挂于投资方名下。新修订的《民办教育促进法》实施后,国家将加大对民办高校的资助和扶持力度,如助学贷款、购买服务、转让或出租闲置国有资产等,而校产与个人财产混同则极易造成出资者侵占国有资产的行为,造成国有资产的流失。其次,《民办教育促进法》未对民办学校法人财产的退出流程和标准要求提出明确界定和规范,特别是没有建立民办高校产权流转制度。鉴于投资具有一定的风险性,在出资人产生投资意愿转移时,其资本难以及时抽出,这会阻碍出资人投资办学的积极性。在我国市场经济日益发展和成熟的条件下,民办教育与市场的融合日益加深。但是,缺失的产权制度导致出资者难以对民办教育发展形成准确认知和预测,加大了投资的不确定性,从而对该领域的投资持观望态度[①]。

(二)资产过户存在障碍,法人财产权虚置

在我国教育部针对民办高校办学管理的相关规定中明确提出[②],民办高校举办者必须将投资高校的资产划归高校法人所有,划归期限为注册之日起一年内。未将这部分资产划归至学校法人的,举办者要承担相应的学校债务连带责任。然而,在实际执行实施过程中,很多民办高校举办者却对该规定提出的要求持怀疑甚至抵触态度,导致在实施过程中遇到很多实际问题,积极性不高。

首先,部分民办高校银行负债率较高,校产处于抵押状态。这种状态的存在使得民办高校只能通过置换的方式实现产权关系的转移,否则便无法对资产进行评估。而置换

---

①邬大光. 投资办学:我国民办教育的本质特征[J]. 浙江树人大学学报,2006(6):1-4.
②参见教育部《民办高等学校办学管理若干规定》(25号令)第7条之规定。

只能通过两种方式实现：其一，支付全部的抵押贷款本金及由此产生的利息；其二，用同等价值的财产实施转换。就当前我国民办高校的实际情况来看，能够通过这两种方式实现置换的非常少，大多数民办高校资金都非常有限。

其次，办理过户程序非常烦琐，且费用较高。调查发现，民办高校要实现资产划归和过户，必须经过多个职能部门的批准，如自然资源、房产、工商、税务、银行等。由于各个职能部门及社会团体的政策要求不同，手续非常繁杂，并且这些部门没有形成集中统一办公平台。此外，民办高校完成资产过户需要交纳七大类的规费和税费，如土地增值税、资产交易税、房产税以及公告、评估、验资等费用。在没有减免政策的情况下，在资产划归过户后，所剩资产不足原资产的2/3①，可谓"损失惨重"。烦于流程的繁杂，惧于税费的高昂，民办高校对资产划归过户并不积极，只是一味应付。

再次，资产的划归和过户，极大降低了民办高校的融资能力。依据现行法律规定和相关制度要求，民办高校具有较强的公益属性，学校法人存续期间，严禁以其资产实施担保、抵押、处分和转让等行为。这对于民办高校而言，必将极大限制甚至封闭其融资渠道，使得原本紧张的资金更加捉襟见肘，不利于民办高校的持久、稳定、快速发展。加之银行贷款到期、各投资方减少投资，使得民办高校的处境更加窘迫，特别是那些运行状态低效的高校，将会出现步履维艰甚至破产的情况。

最后，民办高校的财产过户标志着出资者将丧失对投资部分财产的支配权，以及在运营过程中产生的收益，这也影响了出资者过户的积极性。

（三）我国民办高校法人治理机制不健全

"大学历史发展的过程，实际上就是大学追求自治、实现自由的过程"②。即使是民办高校的发展也不能偏离这样的教育规律。我国民办高校在创设之初不同于公办高校，其办学资金主要来源于举办者的资金，教学活动支出则主要依赖于自身的滚动发展。在围绕财产的分配、使用等方面受制于出资者的约束和限制，甚至办学活动受到出资者的粗暴干预，高校法人主体地位难以真正落实，学校的办学自主权也难以实现。通过对民办高校的调查与研究可知，大多数举办者通过自身具有的天然权利、资金优势，对董事会实施完全把控，其余董事处于弱势地位，难以真正实施其职能。在这种情况下，董事会便成了举办者发号施令、推行其意志的工具，举办者成为董事会的绝对权威和代表。在举办者的操纵下，董事会成员结构失衡。这些成员大多数是出于相同利益目的，在进行决策时极易出现极端化的情况，也就是只顾追求利益，为实现利益最大化不惜损害教师和学

①董圣足.关于民办高校法人财产权的思考——基于45所民办院校法人财产状况的调查分析[J].教育发展研究,2007(Z2):1-5.
②曹汉斌.西方大学法人地位的演变[J].高等教育研究,2005(10):106-111.

生的利益。这与民办高校公益属性的要求是相违背的。决策机构、议事机构规则不完善,导致了决策机构的议事规则具有一定的随意性。由于权力难以有效均衡,举办者可以轻松控制董事会,进而对民办高校实施影响和操纵,导致民办高校出现严重的家族化运行管理态势。因此,民办高校法人财产权的落实需要构建完善的法人治理结构和机制,保障高校作为独立的法人实体享有依法自主办学的权利。

(四)我国民办高校法人财产权缺乏有效监督

在民办高校的组织架构中,审计机构是重要的监督管理部门,对民办高校的健康运行发挥着重要作用。但是,审计机构通常由其委员会或董事会直接管理和领导,使得内部审计机构处于严重依附的地位,缺乏应有的独立性和自主性。监事会在监督董事会决策、评估股东大会决议等方面发挥着重要作用。部分民办高校没有建立监事会制度,即使有该类机构,监事会的监督职能缺位也比较严重,专职的执行监事位置空缺,监事会更多的是进行报表和报告的审核工作,与其应尽职能相差甚远。

首先,在对民办高校的外部监督中,由于监督法规不完善、监督机制不健全、监管力量薄弱等原因,导致政府难以形成对民办高校的有力监管。有些民办高校出现各种乱象:随意收费,师资队伍不稳定、素质不高,教学质量不达标,产权关系不清、责权混乱、抽逃出资,等等。其次,部分民办高校在信息公开方面缺乏主动性。《中华人民共和国高等学校信息公开办法》规定,为保障高校法人、社会组织及广大民众的知情权,高校需要进行及时、准确、全面的信息公开。从学者们对该问题研究的结果来看,我国民办高校在信息公开方面仍然存在诸多问题,特别是民众最为关心的问题却往往存在信息缺失或不及时、不全面的问题[①]。信息不透明,使得社会监督无处着力,也损害了学生、家长的知情权。最后,国家加强了对社会办学的鼓励和扶持力度,倡导社会组织积极兴办民办教育,加快民办教育行业组织的培育和管理,并发挥他们在教育评估、质量测度和会计核算方面的作用,使他们成为政府和学校的连接纽带,促进参与、监督的专业性和针对性,实现管理、评价和办学的分离。但现实情况是,部分民办高校对待评估工作虚与委蛇,评估结束之后一切又恢复原样,使得第三方监督制度未落到实处。

---

①杜志宏.论我国民办高校的信息公开问题——基于百所民办高校官网的分析[J].浙江树人大学学报(人文社会科学版),2015,15(3):6-10.

第五章

独立学院产权制度改革

第一节　独立学院的产权及其影响

20 世纪 90 年代,民办教育在我国蓬勃发展起来。由于是投资办学,人们对于民办教育产权问题日益关注。与独立设置的民办高校相比,独立学院的产权问题更加复杂。可以说,完善独立学院的产权制度已经迫在眉睫。由此,我们应该对独立学院产权有一个基本的认识。

一、独立学院产权的产生

产权不是一种自然权利,它的产生需要一定的条件。新制度经济学认为,资源稀缺和多人交易是产权存在的基本前提。[①] 从某种程度上说,它们决定了独立学院产权的产生。

(一)独立学院的运行需要多种资源

资源稀缺是人类经济社会的一个基本事实。在一个资源充足的社会里,产权是多余的,例如鲁滨孙的世界。在那个荒凉的小岛上,鲁滨孙可以自由地支配岛上资源。然而在现实生活中,鲁滨孙的世界是难以寻找的。人们的需求总是无限的,而资源总是不足。胡赤弟教授说:"凡是涉及资源使用的地方都存在产权问题。[②]"言下之意,资源稀缺导致了产权问题的产生。对于独立学院而言,它的运行也离不开各种资源,如物质资源、人力资源、制度资源等。校舍、实验室、图书等是教师和学生在学校生活所必需的设施。对于一所大学而言,高水平的师资可能是更加稀缺的资源。有人说,"大学者,大师之谓也"。随着独立学院规模的日益庞大,完善的制度也是必需的资源。时至今日,人们谈论现代大学制度已经蔚然成风。这也反映了制度对于一所大学的重要性。实际上,许多公办高校就是以管理经验等参与独立学院的举办。在资源稀缺的条件下,建立独立学院产权就非常必要。只有如此,才能对独立学院的资源进行有效的利用和保护,从而实现资源的优化配置。

---

①高金岭.教育产权制度研究[M].桂林:广西师范大学出版社,2004:65.
②胡赤弟.教育产权与现代大学制度构建[M].广州:广东高等教育出版社,2008:62.

（二）独立学院存在多种交易行为

交易是人类经济社会的基本单位。康芒斯说："使法律、经济学和伦理学有相互关系的单位，必须本身含有冲突、依存和秩序三项原则。这种单位是交易。一次交易，有它的参加者，是制度经济学的最小单位。①"他所说的"三项原则"，就是人类交易行为的基本特征。在人类交易过程中，双方总是遵循一定的规则，他们相互冲突而又相互依存。教育领域也存在着各种交易行为。崔卫国说："教育领域的基本活动也可以看成是交换……教育过程与市场过程一样，基础是交易行为，是利益的交换。②"在多人参与的背景下，独立学院也时刻发生着各种交易。出资者、院长、教师、学生等，都是独立学院教育活动的参与者。围绕着教育活动，这些人结成了各种关系，实际上是权利的交换。例如，出资者雇佣院长，将独立学院的经营权让渡给院长，他依然享有剩余索取权和终极所有权。如果有必要，出资者可以通过一定的程序更换院长。对于院长而言，他享有独立学院的经营权，就必须承担一定的风险。如果学校经营失败，院长的声誉就必然要受损。

二、独立学院产权的含义

与企业相比，教育具有自身的特性。在相当长的时间里，我国并没有认识到教育领域也存在产权问题。然而，随着经济领域的改革和民办教育的兴起，人们开始关注教育领域的产权问题。独立学院是民办高等教育的重要组成部分，为了把握独立学院产权的内涵，我们有必要对教育产权有一个基本的认识。

（一）教育产权的含义

20 世纪 90 年代末，随着民办教育的快速发展，办学者开始关注教育产权问题。实践领域的需求逐渐引起理论工作者的注意。在他们的努力下，产权概念进入教育领域。目前来看，主要有广义和狭义两种理解。

1. 从狭义上，将教育产权的客体理解为教育机构的财产

2000 年，张铁明教授在《教育产业论：教育与经济增长关系的新视角》一书中开始讨论教育产权问题。他说："教育产权就是拥有已举办的教育机构财产的权利，即人们围绕特定的教育财产而结成的权利关系。③"他还进行了解释：一是教育机构并不都称学校；二是教育财产不仅包括物质资料，还包括学校作风、教育特色、教育经验、"名牌"社会效益

①康芒斯.制度经济学(上册)[M].于树生,译.北京:商务印书馆,1962:73-74.
②崔卫国.教育的经济学分析[M].北京:经济科学出版社,2003:10.
③张铁明.教育产业论:教育与经济增长关系的新视角[M].广州:广东高等教育出版社,1998:281-282.

等"软教育财产"。杨丽娟说:"狭义的教育产权是围绕教育资本而形成的学校产权,即对特定学校的财产权利。①"她还对教育产权的内容进行了解释:参与学校投资、经营、管理的各个活动主体围绕学校的教育财产形成的所有权、占有权、使用权、处分权、收益权等权利。宁本涛说:"笼统地谈教育产权,人们会不知所云。因此,从严格意义上讲,称学校产权较为合适。简单地说,学校产权就是学校财产权利的简称。②"潘懋元教授说:"学校产权是指学校财产权利的总称,即学校各类财产所有权及其派生出来的一系列权利的总称。③"

2.从广义上,将教育产权的客体理解为与教育活动有关的一切权利

杨丽娟说:"完善的产权包括资本产权和劳动力产权两个方面……广义的教育产权也应包括劳动力产权,即劳动者对劳动力这一特殊财产形式的权利组合。④"崔玉平说:"教育产权包括教育机构的产权,也包括教育的主权等,所谓的经济学意义上的教育产权是指教育产业的参与者对稀缺的教育资源及其经营收益各自享有的包括物权和人身权在内的排他性权集合。"宁本涛说:"广义的学校产权,是指办学主体包括投资者、举办者、学校法人及学生家长或学生拥有的与教育活动有关的一系列权利。包括投资者的收益权、办学者(校长、教职工)教育管理(经费使用权、教师聘任权)的自主权,以及学校法人的招生权、决策权与控制权,民办学校与公立学校公平竞争的权利,学生及家长的择校权等。"

(二)独立学院产权的内涵

20世纪90年代,江浙一带的公办高校开始与地方政府共同举办国有民办二级学院。人们开始关注它的产权问题。张国华说:"国有民办二级学院的产权及其界定不清晰。"随着政策的出台,各类企业、民办高校、自然人等纷纷参与举办。它们的参与使得独立学院的产权问题更加复杂。那么,把握独立学院产权的内涵就是应有之义。在这里,我们将从狭义的角度对其进行理解。

1.独立学院产权建立在独立学院财产的基础之上

所谓财产,是指人们占有的物或对象。财产,既包括有形之物,也包括无形之物。有形之物,如货币、土地、房屋等;无形之物,如知识产权。经过10余年的发展,每所独立学院都有了庞大的财产。独立学院的财产包括:有形之物,如货币、土地、校舍等;无形之物,如校名。其中,校名在独立学院的发展中发挥了极其重要的作用。一般而言,独立学

---

①杨丽娟.关于教育产权若干问题的探讨[J].教育与经济,2000(1):12-16.

②宁本涛.中国民办教育产权研究[M].济南:齐鲁书社,2003:88-89.

③潘懋元,胡赤弟.民办高校产权制度改革的若干问题[J].教育研究,2002(1):27-31.

④杨丽娟.关于教育产权若干问题的探讨[J].教育与经济,2000(1):12-16.

院的校名由"母体高校＋地名"构成。青年学子报考独立学院,首先考察的就是其校名;出资者投资独立学院,也将校名作为重要的衡量指标。从某种程度上说,校名是独立学院的"发展之源"。在合作办学的过程中,许多母体高校并未投入资金,仅仅依靠校名就获得了独立学院相当的股份。简言之,校名是独立学院最重要的财产。

2. 独立学院产权反映了独立学院主体之间的关系

独立学院是出资者投资举办的。作为独立的法人,独立学院在法律意义上具有两个对等地位的主体,即出资者和独立学院法人。这就意味着,在独立学院存续期间,独立学院法人占有独立学院的所有资产,任何机构和个人不得侵犯。事实上,独立学院的法人财产权也得到了法律的保护。例如,2008 年教育部颁布的"26 号令"第 42 条规定:独立学院存续期间,所有资产由独立学院依法管理和使用,任何组织和个人不得侵占。对于出资者来说,他应该享有独立学院财产的终极所有权和剩余索取权。换言之,如果独立学院解散,就应该根据出资比例将独立学院的财产归于出资者。独立学院在办学过程中会带来一定的收益,在保持教育公益性的前提条件下,出资者有权依据出资比例获得投资回报。

3. 独立学院的产权由一系列的权利束构成

独立学院的产权包括所有权、占有权、使用权、支配权等权利。其中,占有权、使用权、支配权等被合称为"经营权"。在生产力不发达的情况下,企业的所有权和经营权是合在一起的。此时,企业通常由企业主亲自经营。然而,随着生产力的发展,部分企业主逐渐无力经营自己的企业。在此情况下,职业经理人诞生了,企业的所有权和经营权发生了分离。既然独立学院是由母体高校与合作者共同举办,那么独立学院的所有权应该归母体高校与合作者共同拥有。然而,在充满竞争的环境里,独立学院的办学可能面临许多风险。今天,许多公办高校已经开始面临生源问题。换言之,独立学院可能会破产。为了降低出资者的风险,出资者应该将经营权让渡给独立学院法人。具体来说,由院长负责独立学院的办学。另外,独立学院要想成为自主经营、自负盈亏的主体,也应该拥有法人财产权。法人财产权的实质,就是独立学院财产的控制权。由此可见,独立学院的所有权和经营权应该发生分离。然而,随着两权的分离,新的问题产生了,即"内部人控制"。换言之,院长的办学行为并不一定是从独立学院出资者的利益出发的。对此,应该通过完善的法人治理来保障独立学院出资者的权益。

综上所述,我们可以将独立学院的产权界定为:人们围绕着独立学院的财产而结成的经济权利关系,包括所有权、占有权、收益权、处置权等。

三、独立学院产权的特点

独立学院产权既具有产权的一般属性,又具有自身的特殊性。刘诗白说,"教育产权"具有"一般产权"所具有的全部特点,即普遍性、明晰性、完整性和流动性。在这里,我们主要讨论独立学院产权的特殊性。独立学院产权的特点表现在:不以营利为目的,资产重组偏好完整,交易的频率较低。

(一)不以营利为目的

在一定的约束条件下,企业以追求利润最大化为自身的目标。对企业产权的界定,其目的在于通过降低交易费用,进行有效的激励,约束资源的优化配置等,最终实现企业逐利的目标。科斯曾经指出,企业之所以产生,是因为内部的交易费用少于市场的交易费用。学校产权则不然。独立学院产权不以营利为目的,是由独立学院自身的性质决定的。众所周知,学校以培养人才为己任,具有较强的正外部效应。反之,如果独立学院以营利为目的,那么教育活动就会受到冲击,学生和社会的利益将难以得到保障。对独立学院产权的界定,是为独立学院的办学目标服务的。当然,过程一致。独立学院通过建立产权,降低交易费用,实现减少不确定性、外部性内部化、激励与约束、资源优化配置等功能。应该指出的是,虽然独立学院产权不以营利为目的,但并不是说不可以进行经营活动,因为独立学院也存在各种交易和资源稀缺。

(二)资产重组偏好完整

产权分解的实质是对权能和利益重新划分,表现为资产重组。资产重组的目的在于实现资源的优化配置。企业对资产进行重组时,可以对机器、土地、专利等分别进行拍卖。然而,独立学院的资产重组偏好完整。众所周知,独立学院进行教学活动,离不开众多有形和无形财产的支撑。可以说,离开任意一项财产,独立学院的教学活动都可能无法正常进行。例如,如果独立学院的图书馆被拍卖,那么教师和学生就可能无法进行正常的研究活动。张铁明教授说:"学校作为特定教育财产的集合实体,由于其全部财产均服务于学生学习这一对象的特殊性,与企业相比较,学校资产就有着强烈的彼此依赖性而呈现完整性和非绝对分解性。"那么,我们在对独立学院的资产进行重组时,就应该注意:一是不要将独立学院的某项财产的所有权随意转让;二是如果独立学院的资产是国有性质,我们就应该积极采取措施,实现国有资产增值。

(三)交易的频率较低

产权交易的目的在于,通过权利的转让实现资源的优化配置。企业中产权交易的频率较高,原因在于人们希望在短期内见到经济效益。如果在一定时间内,企业无法让产权主体获得收益,那么主体就会产生交易权利的需要。然而,独立学院产权交易的频率是比较低的。对于教育,人们无法在短期内获得利益,原因在于教育的收益具有长期性、滞后性。保持独立学院产权的基本稳定,有利于办学思想的延续,有利于教职工安心本职工作,有利于育人目标的顺利实现。那么,我们就应该维持独立学院产权的基本稳定。对于公有性质的独立学院,国家不宜因为其暂时经营不善而将其出售,导致资产的流失;对于混合性质的独立学院,出资者不宜将其资产随意转移出教育领域,导致资源的浪费。

四、独立学院产权的影响

独立学院的运行离不开各种资源。资源稀缺是人类社会面临的永恒难题,也是大学办学必须面对的事实。在资源稀缺的世界里,明晰独立学院的产权将会产生重要影响,如实现减少不确定性、外部性内部化、激励与约束、优化资源配置、收入分配等。

(一)减少不确定性

目前,独立学院的财产没有明确终极所有权,这就增加了独立学院发展的不确定性。2008 年,教育部颁布了"26 号令"。它虽然规定了独立学院存续期间财产权利的划分,但是对于其终止办学后财产的处置还是没有明确。由于财产终极所有权没有明确,增加了不确定性,这就加剧了独立学院出资者的担心。部分投资者可能会减少投资,急于变革股权,甚至变相抽逃资金,从而使得独立学院的办学风险加大。质言之,如果独立学院的产权是明确的,就能有效减少不确定性,促进独立学院的发展。

(二)外部性内部化

独立学院存在外部性问题,亟须明确产权,使之内部化。可以说,办学积累是最重要的外部性问题。经过十几年的艰苦办学,许多独立学院已经形成了数额巨大的资产。这些资产的形成是多种因素共同作用的结果。它离不开国家政策的支持,离不开母体高校良好的办学声誉,离不开企业家的热心投资。如果不对这些资产的权利进行划分,就会导致资源配置的效率下降,社会福利减少。例如,企业家会减少投入,独立学院办学环境改善的进程会放缓,培养人才的数量和质量也会下降。因此,应该明确独立学院的产权,使外部性问题内部化,提高资源配置的效率。

(三)激励与约束

独立学院存在激励问题,需要通过明确产权为其发展注入不竭动力。投资办学是独立学院的重要特征。既然是投资办学,人们就希望获得收益。然而,人们的收益预期并没有得到很好的保证。"26 号令"规定,独立学院的举办者可以获得一定的"合理回报"。然而,"合理回报"的程序至今没有很好地建立起来。现实中,人们对于独立学院能否营利还存在争议。另外,独立学院的终极所有权还没有得到很好的明确。简言之,独立学院出资者的产权没有得到法律的保障。因此,应该明确产权,为独立学院的发展注入动力。

独立学院的发展也需要约束,亟须通过明确产权来确立主体的行为边界。由于产权不清,独立学院主体的行为也失去了边界。例如,部分出资者随意抽取独立学院的资金。独立学院是独立的法人,拥有法人财产权。出资者投资独立学院,其出资部分就与他发生了分离。法律规定,在独立学院存续期间,任何人不得侵占其资金。出资者随意抽取资金的行为,究其原因,一方面是缺少自律,不明白自己的行为边界在哪里;另一方面是缺少他律,相关的法律、政策还不健全,市场竞争很不充分。因此,应该明确产权,对独立学院产权主体的行为边界进行约束,确保独立学院的稳定发展。

(四)优化资源配置

独立学院的发展离不开资源的支撑,亟须通过产权关系的调整来实现资源的优化配置。众所周知,独立学院之所以能够在短短的 10 余年里迅速发展壮大,是因为实现了制度的创新。其中,产权制度的创新是最重要的制度创新。毋庸讳言,正是因为看到了有利可图,所以诸多企业才纷纷投资独立学院,母体高校也才不遗余力地积极申办。然而,由于产权不清,独立学院也开始面临资源枯竭的窘境。因此,必须通过产权界定,为独立学院的发展提供足够的资源。

(五)收入分配

独立学院面临着收入分配问题,需要明确产权,实现出资者收入分配的合理化。众所周知,独立学院的出资者大都是要求获得"合理回报"的。现实中,决定收入分配的依据是举办双方的协商。一般来说,母体高校会要求获得 15% ~ 30% 的学费收入,企业要求在办学结余中获得"合理回报"。然而,双方获得收入的依据并不明确。另外,对于出资者是否可以获得收入,学术界还存在争议。因此,为了实现出资者收入分配的合理化,亟须进一步明确独立学院的产权。

第二节　独立学院的产权主体及其关系

产权功能的发挥,离不开产权主体地位的确立。如果不能明确谁是产权的主体,产权的流转、分割和重组都将无法进行,产权的功能也就无法发挥。历史告诉我们,大学应该自主办学和承担责任,那么大学就必须具备法人财产权,这样大学法人就成了大学产权主体的重要一员。然而,大学的法人财产不是凭空产生的,它来自捐资、国家拨款投资等。由此,出资者也就成了大学的产权主体。因此,大学法人和出资者之间关系的处理将决定大学的发展。独立学院同样如此。

一、独立学院的产权主体及其构成

我国出现了三类现代意义上的大学:公办高校、独立设置的民办高校和独立学院。它们培养了成千上万的人才,促进了社会主义经济社会的发展。然而,大学主体地位的缺失一直制约着它们的发展。究其原因,大学没有获得法人财产权。相较而言,独立学院的出资者更加多样化。

(一)独立学院法人

独立学院能够获得法人资格,一直是政策制定者孜孜以求的目标。然而这条路上荆棘密布,政策效果非常不理想。目前,独立学院都已注册成法人。不过,多数独立学院徒具法人之名,而无法人之实。

独立学院属于哪一类法人,是学术界争论得比较激烈的问题。它关系到独立学院适用何种法律,因而也为实践领域广泛关注。然而更为基础的问题是,独立学院如何才能成为真正的法人? 只有解决这个问题,独立学院才有可能独立地开展活动,获得自主性。

1.独立学院法人的含义

法人就是团体人格。所谓独立学院法人,就是独立学院获得民事权利主体的资格。在独立学院成为法人后,它就可以独立地开展民事活动。独立学院的法人资格由法律所赋予,它必须具备一定的条件。

(1)依法建立。目前,规范独立学院建立的法律主要有教育部颁布的"8号令"和"26号令"。它们对独立学院建立的条件和程序分别进行了规定。例如,"8号令"指出,"独立学院的申请者应为普通本科高校""试办独立学院要一律采用民办机制""申请者申请试办的独立学院……现阶段仍由教育部负责审批"。简言之,独立学院的建立,不仅要实体合法,还要程序合法。

(2)拥有必要的财产和经费。这是独立学院作为法人存在与发展的经济基础。如果没有独立支配的财产和经费,独立学院就无法自主办学、自负盈亏。"8号令"规定,独立学院初办时一般应当具备以下条件:"校园占地面积不少于150亩……校园规划占地面积不少于300亩。教学行政用房建筑面积不少于4万平方米,教学仪器设备总值不少于1 000万元,图书不少于4万册。"

(3)有自己的名称、组织机构和场所。独立学院的名称是独立学院区别于其他法人的重要特征;独立学院的组织机构是独立学院对内进行管理、对外代表独立学院法人进行活动的常设机关;独立学院的办学场所是独立学院开展办学活动的固定空间。作为法人,独立学院能够像自然人一样,参加各种社会活动。例如,独立学院可以以自己的名义与他人签订合同,享有经济权利并承担经济责任。

(4)能够独立地承担民事责任。这是与独立学院拥有必要的财产和经费联系在一起的。独立学院作为法人,它独立地开展各种活动,并以自己的全部财产承担民事责任。独立学院的出资者以自己的出资承担有限责任,有效地降低了出资者所面临的风险。独立学院是由公办高校与其他投资主体共同兴办的,如果独立学院法人不能独立地承担民事责任,公办高校的办学风险就会大大地提高。

其中最为重要的是,独立学院必须拥有自己的财产。只有如此,独立学院才能成为真正的法人,否则,徒有其名,而无其实。如前所述,团体有两个要素:人和财产。拥有财产是法人的绝对要件。没有财产,独立学院无法独立地承担责任,也不能享有相应的权利。

2.独立学院法人的属性

法人属于哪种类别,决定了它受法律调整的范围,因而具有重要的法律意义。独立学院属于何种法人,一直是理论界争论得比较激烈的问题。我们认为,如果要判定独立学院的法人属性,首先就应该明确独立学院属于哪种办学类型。

根据出资者举办学校的目的,可将其分为捐资办学和投资办学两种类型。捐资办学是指私人或社会组织为了设立私立学校,捐资成立基金会或类似组织,并由该组织(基金会)作为举办者举办学校的办学形式。投资办学是指举办者将资本投入所创办的私立学校中,仍拥有对所投资本的所有权,且举办者凭借其对资本的所有权自动取得法人成员的资格,进而享有通过制定学校章程、参与法人事务、获得学校经营增值而带来的收益以及其他权利的办学形式。[①] 可见,两者的主要区别在于出资者是否获得经济收益。以此为依据,可以判定独立学院属于投资办学。无论出资者如何争辩,他们都从中取得了经济收益。

尽管独立学院属于投资办学,但是它仍具有公益性,这给我国的法律带来了挑战。我国以是否以营利为目的,将法人区分为企业法人和非企业法人。对于"以营利为目的"的含义,人们还存在争论。无论如何,我们无法观测"目的",却可以看到"结果"。从这个意义上说,我国的法律规定是不严谨的。因此在一定时间内,我国民办学校无所归依。从法理的角度来说,对于投资办学的民办学校,应该将其划为企业法人。然而这令举办者难以接受,既不符合人们的传统观念,更不符合我国国情。对于捐资办学的民办学校,

---

①周光礼.教育与法律:中国教育关系的变革[M].北京:社会科学文献出版社,2005:155-156.

如果将其划入非企业法人,它又难以归入机关法人、事业法人或者社会团体法人中的任何一种。为此,我国创造了一个新的法人类别——"民办非企业"。1998 年颁布的《民办非企业单位登记管理暂行条例》指出:民办非企业单位是指企业事业单位、社会团体和其他社会力量以及公民个人利用非国有资产举办的,从事非营利性社会服务活动的社会组织。对于捐资办学的民办学校来说,将其归于民办非企业是合适的。然而,对于投资办学的民办学校来说,将其归于民办非企业就比较牵强。可见,我国一直没有解决好投资办学的民办学校的法人属性。

因此,要明确独立学院的法人属性,就必须突破现有的法律规范。部分学者进行了尝试。其一,李明华主张引入社团法人的概念。[①] 社团法人是人的集合体。然而,独立学院是财产的集合体,它以财产的存在为基础。因此,将独立学院归入社团法人是不恰当的。其二,秦惠民主张引入公益性企业法人的概念。[②] 根据大陆法系的规定,公益法人不得将经济利益分配给成员。对于独立学院的出资者而言,这难以接受。在感情上,老百姓也难以接受独立学院是一个企业。因此,将独立学院归入公益性企业法人也是不恰当的。

可见,实践领域的变化,呼唤我国改革现有的法人制度。如果只从法理的角度出发,应该将独立学院归入企业法人。然而,如果从鼓励独立学院发展的角度出发,应该将其界定为事业单位法人。无论如何,我们都应该小心谨慎,考虑我国的国情。

(二) 出资者

与公办高校独立设置的民办高校相比,独立学院的出资者更趋多样化。独立学院的出资者大致有:公办高校、政府、国有企业、集体所有制企业、民营企业、科研院所、个人等。根据不同的划分标准,可将独立学院的出资者进行不同的分类。

根据所有权的性质,可将独立学院的出资者分为国有、集体所有和私有。其中,国有和集体所有又被合称为"公有"。公办高校、政府、国有企业、科研院所属于国有。其财产的终极所有权属于全体人民。人民将财产的权利委托给国家,国家负责财产占有、使用和处置。集体所有制企业的财产所有权由部分人共同享有,控制权由企业法人掌握。个人占有自己的全部财产,即为私有。

根据生命的形态,可将独立学院的出资者分为法人和自然人。一般而言,公办高校、国有企业、集体所有制企业、私营企业等都是以法人的形态出现。作为法人,它们独立地

①李明华,黄伟泽."独立学院"法律地位探析[J].民办高等教育研究,2006(2):25-27.
②秦惠民,陈立鹏,胡林龙.公办高校优质教育资源外延性扩张中"独立学院"法律地位之探讨[J].中国高教研究,2005(1):44-47.

在社会上开展各种经济活动,享有获得经济报酬的权利,并以自己的全部财产承担民事责任。作为出资者,它们应当履行出资者的义务,将出资部分过户到独立学院的名下,并享有获得相应报酬的权利。个人作为出资者,也应将出资部分过户到独立学院的名下,并据此获得收益和承担责任。

二、独立学院产权主体之间的关系

出资者与独立学院法人是独立学院的产权主体。如果是捐资办学,则出资者放弃了财产的所有权和剩余索取权。从这个意义上说,出资者实际上没有产权,也很难与独立学院法人发生关系。然而如果是投资办学,情况就完全不一样了。独立学院的产权制度主要是通过"8号令"和"26号令"建立起来的。在这里,我们将通过分析独立学院的财产所有权、收益权、占有权和处置权,继而揭示出资者与独立学院法人之间的关系。

(一)独立学院的财产所有权

所有权是指主体对客体的排他的最高支配权。对于独立学院的财产所有权,主要有两种观点:第一,谁投资,谁所有。如果独立学院是公办高校和民办企业共同投资的,其财产就归两者共同所有。其他办学模式同样如此。第二,国家所有。独立学院属于公益性事业,那么独立学院就应该和公办高校一样,其财产归国家所有。

独立学院的产权政策是基于捐资办学的假设制定的。然而在实践中,独立学院都是投资创办的。两者之间存在着尖锐的矛盾。第一种观点考虑了独立学院"投资办学"的实际情况,第二种观点则指出独立学院应该走"捐资办学"的路子。尽管两者都有一定的合理之处,但都不符合有关政策。

第一种观点违反了有关法律的基本立法精神。遵循民办教育产权政策的传统,独立学院的产权政策也要求出资者捐资办学。"26号令"第3条规定:"独立学院是民办高等教育的重要组成部分,属于公益性事业。"根据大陆法系的规定,公益法人可以从事营利活动,但不得将经济收益分配给其成员。然而,第一种观点强调"谁投资,谁所有",言下之意是出资者可以凭借所有权获得办学剩余。这就有违"26号令"的基本立法精神。第二种观点也有悖相关法律。"26号令"第48条规定:"独立学院变更举办者,须由举办者提出,在进行财务清算后,经独立学院理事会或者董事会同意,报审批机关核准。"这就间接承认了出资者享有所有权。

(二)独立学院的财产收益权

收益权是指主体使用客体而带来收益的权利。由于产权界定的结构性矛盾,人们对于独立学院的收益权议论纷纷。大致说来,主要有三种观点:一是提倡"合理回报"。如果不能获得"合理回报",独立学院只会走向消亡。二是不提倡"合理回报"。独立学院属于公益性事业,出资者获得"合理回报"有违法律的基本精神。三是分类处理"合理回报"问题。可将独立学院分为营利性和非营利性两类,营利性学校的出资者可以获得"合理回报",非营利性学校的出资者则不能获得"合理回报"。

2003年,《民办教育促进法》提出了"合理回报"的条款。该法第51条规定:"民办学校在扣除办学成本、预留发展基金以及按照国家有关规定提取其他的必需的费用后,出资者可以从办学结余中取得合理回报。"究竟何为"合理回报"?有人将其理解为奖励政策,而非收益权;有人将其理解为出资者作为债权人获得合同规定的债权收入。① 无论人们如何理解,"合理回报"政策本身就是一次重大突破。长期以来,我国遵循的是捐资办学的立法逻辑,出资者没有所有权,也不能获得收益权。然而,我国的民办教育实践却是投资办学。可见,这是法律对民办教育实践的一次回应。

在没有严格区分捐资办学和投资办学的前提下,"合理回报"政策带来了不公平,许多学者对该政策提出了批评意见。无论如何,它表明了我国政府正面事实的态度。但是,政策的完善不可能一蹴而就。我们认为,"合理回报"政策的出台具有重要的意义,它能够鼓励更多的热心人士投资教育。当然,从长远的角度看,政府应该对捐资办学和投资办学进行区分,分类建立政策体系。不过,在目前的情况下,应该允许出资者获得"合理回报"。如前所述,独立学院属于投资办学,出资者具有获得"合理回报"的充分依据。

(三)独立学院的财产占有权

占有权是指主体实际控制客体的权利。在两权分离之前,所有者不仅在法律上享有对客体的最高支配权,而且在经济生活中也能够占有和支配客体;在两权分离之后,所有者依然享有对客体的最高支配权,但是将占有权让渡给了他人。在经济生活中,所有者让渡占有权的目的就是获得利润。例如,股份公司的股东将占有权让渡给公司法人,但它必须服务于股东的利益。

从政策的角度看,独立学院法人享有其财产的占有权。"26号令"的第42条规定:"独立学院存续期间,所有资产由独立学院依法管理和使用,任何组织和个人不得侵占。"该政策目的在于它能够奠定独立学院独立办学的基础。尽管如此,独立学院财产的占有权还是被出资者所掌握,独立学院无法真正自主办学。既然是投资办学,出资者就会考虑回报。然而,独立学院是一种新型的高等教育机构,它必须优先考虑大众的福利。

因此,出资者和独立学院法人存在着尖锐的冲突。出资者之所以不愿意放弃权利,是因为它的回报没有稳定的预期。毫无疑问,出资者总喜欢追逐短期利益。然而,高等

①徐伟.民办教育机构法人产权制度分析[J].特区理论与实践,2003(9):58-60.

教育是一项长期事业的回报,它的速度相对较慢。从政策的角度看,出资者的终极所有权和收益权没有得到承认,也加剧了他们的担心。"26 号令"规定,出资者可以获得合理回报,但这只是一种奖励,并不是收益权。在独立学院终止办学时,其剩余财产的处置也是不明确的。

无论如何,独立学院法人应该享有财产的占有权。只有如此,独立学院才能真正地自主办学。前提条件是,必须明确出资者的所有权和收益权。否则,出资者不会让渡自己的权利。

(四)独立学院的财产处置权

处置权是指主体将客体交给他人支配、占有和使用而带来主体变化的权利。根据"26 号令"的规定,独立学院的财产处置权分为两个部分:一是正常办学过程中的财产处置权;二是终止办学后的财产清算。

在独立学院正常办学时,财产处置权归于独立学院法人。从"26 号令"的第 42 条规定可知,在独立学院正常办学时,财产处置权归于独立学院法人而不是出资者。尽管独立学院属于投资办学,但出资者也不能享有财产处置权。只要独立学院存续下去,出资者就不能抽逃、挪用办学资金。如有违反,法律将予以惩处。"26 号令"第 51 条规定:"独立学院举办者未履行出资义务或者抽逃、挪用办学资金造成独立学院资不抵债无法继续办学的,除依法承担相应的法律责任外,须提供在校学生的后续教育经费。"

在独立学院终止时,财产的处置按照相关法律执行。"26 号令"第 51 条规定:"独立学院终止时,在妥善安置在校学生后,按照《民办教育促进法》的有关规定进行财务清算和财产清偿。"《民办教育促进法》指出:"民办学校终止时,应当依法进行财务清算。民办学校自己要求终止的,由民办学校组织清算;被审批机关依法撤销的,由审批机关组织清算;因资不抵债无法继续办学而被终止的,由人民法院组织清算。"该法还对民办学校财产清偿的顺序进行了规定,但没有明确清偿债务后剩余资产的处理。其中第 59 条明确规定:"对民办学校的财产按照下列顺序清偿:应退受教育者学费、杂费和其他费用;应发教职工的工资及应缴纳的社会保险费用;偿还其他债务。民办学校清偿上述债务后的剩余财产,按照有关法律、行政法规的规定处理。"可见,独立学院的终极所有权是不明确的。

总之,独立学院属于投资办学,在两权分离的情况下,财产的所有权、收益权归出资者所有,财产的占有权、处置权归于独立学院法人。

三、独立学院产权主体的权益诉求与博弈

独立学院的出资者是多样化的。其中既有政府企业、高校等法人组织,也有自然人。它们共同出资举办独立学院,但利益诉求并不一致。例如,企业投资独立学院的目的是

获得经济利益,然而政府的目标却是社会福利。在一些独立学院中,企业、政府、高校都成了出资者。可见,出资者之间的博弈在所难免。独立学院法人是另一个重要的产权主体,它的地位常常被忽视。然而,它与出资者之间也存在着利益冲突。

(一)独立学院产权主体的利益诉求

独立学院的产权主体是多元的,它们的利益诉求也是多样的。独立学院法人,具有经济与社会双重目标。与此不同,多数出资者投资独立学院,其目标是追求利润的最大化。但是,部分出资者将社会福利当成了主要目标。

1. 独立学院法人

独立学院法人具有双重目标:一是经济目标;二是社会目标。独立学院法人的经济目标就是实现出资者资本的利润最大化。独立学院是出资者投资建立起来的。所谓资本,就是能够带来剩余价值的价值。出资者将资产过户到独立学院名下,只是放弃了资本的实际控制权。究其原因,出资者也是为了实现利润的最大化。事实上,出资者依然通过董事会决定着独立学院的重大事项,如院长的遴选。如此,出资者就能很好地维护自身的权益。

除此以外,独立学院还具有社会目标。从本质上说,独立学院不是经济组织,而是教育组织。作为教育组织,独立学院的职能主要包括教学、科学研究和服务社会。独立学院履行教育组织的职能,需要花费大量的资源,如购买图书、延揽教师、兴建校舍等。然而,如果从利润最大化的角度出发,独立学院就会将资源主要投向非学术性项目,如后勤产业。由此可见,独立学院存在着公益性与营利性的矛盾。杨章诚副研究员指出,由于投资主体与办学主体的不一,教育的公益性和产业性的矛盾在民办二级学院(独立学院的前身)凸显了出来。[①]

2. 出资者

独立学院的出资者是多样的,包括公办高校、民办高校、政府、企业、个人等。由于所有权性质和组织目标的差异,出资者的利益诉求并不一致。在此,我们择其要者进行讨论。

(1)公办高校。公办高校是独立学院的申请者。作为独立的法人,公办高校参与举办独立学院有着自身的利益诉求。公办高校的利益诉求,主要有增加收入、扩大规模和推进改革。

---

①杨章诚.浅析民办二级学院办学中资本寻利性与教育公益性的矛盾[J].福建师范大学学报(哲学社会科学版),2002(3):43-47.

①增加收入。经费不足是所有高校面临的共同难题。一般而言,高等教育的投入主体有政府、社会和个人。然而由于国情的差异,各个国家的高等教育投入模式并不一样。在很长的时间里,我国的高等教育投入采用的是"政府投入为主的中央集权制"模式。随着教育成本分担理论的传入,政府投入所占的比例逐步下降。然而,就公办高校而言,依然是以政府投入为主。由于我国政府的经费投入远低于世界平均水平,因而高校必须依靠自身筹集经费。举办独立学院可以增加公办高校的收入。1999 年,我国开始高等教育大扩招。然而,国家并没有按照在校生规模拨付经费。在此背景下,公办高校的资金更趋紧张。为了增加收入,公办高校在与合作方签订协议时,大都会要求提取学费的10% ~30% 作为合理回报。显然,这是一笔不菲的收入。以在校生 10 000 人计,每人缴纳 15 000 元学费,公办高校就可获得 0.15 亿 ~0.45 亿元。

②扩大规模。资源利用效率低下是我国公办高校面临的又一难题。在高校扩招前,规模过小是导致资源利用效率低下的重要原因。规模的扩大可以提高资源的利用效率,获得规模经济。规模经济指的是随着生产规模的扩大,企业可以降低单位成本。既然如此,企业的规模为何没有无限扩大呢? 科斯指出,由于存在交易费用,企业的规模取决于企业外部交易的边际成本与内部交易成本相等的均衡点。同样,高校也存在各种交易,它的规模取决于高校外部交易的边际成本与内部交易成本相等的均衡点。为了获得规模经济,我国学者对高校的规模进行了讨论。1989—1990 年,闵维方教授对我国陕西、贵州、湖北、云南、山西五省的 156 所高校进行了调查。通过分析,他得出了如下结论:第一,当学校规模小、生师比低时,每个学生每年消耗的教育事业费就高,高等教育经费使用效率就低;第二,生均成本随着学校规模的扩大而下降的速率是逐步递减的。[①] 经过测算,闵维方教授认为,7 800 人是综合性大学的最佳规模。他的研究告诉我们,高校应该保持适当的规模。举办独立学院可以扩大公办高校的办学规模。起初,独立学院是作为公办高校的一个二级学院而存在的,俗称"校中校"。通过举办"校中校",公办高校扩大了办学规模。在一定时期内,公办高校也获得了规模经济。在扩招的背景下,公办高校还完成了上级下达的招生任务。某"211"高校独立学院的负责人就指出,"我校举办独立学院不是为了增加收入,而是完成上级一再增加的招生任务"。

③推进改革。高校与市场的严重脱节,是困扰我国高校发展的重要问题。众所周知,现代大学已经步入社会的中心。在此背景下,如果大学依然躲在"象牙塔"内,就很难获得社会的支持。然而由于缺乏办学自主权,大学很难有所作为。20 世纪 80 年代以来,我国已经对高等教育管理体制进行了多次改革。然而,大学依然没有真正获得办学自主

[①]闵维方,丁小浩.中国高等院校规模效益:类型、质量的实证分析[J].教育与经济,1993(1):16 - 22.

权。从政府与高校的关系来看,政府过多地干涉高校的办学,如校长的任命等。大学难以落实办学自主权,原因是多样的。熊庆年教授认为,政府权宜、法律空置、制度短缺是其主要方面。[①] 举办独立学院可以扩大公办高校的办学自主权,推进改革。起初,公办高校举办的独立学院多为"校中校"。然而随着"8号令"的颁布,独立学院大都采用民办机制运行。在此背景下,独立学院的办学自主权就大大扩展了。在一系列关键事务的安排上,独立学院可以自行负责,如校长的选聘、专业的设置、课程体系的安排等。因此,公办高校就可以在独立学院推行多项改革,如人才培养模式的创新等。

(2)政府。地方政府积极参与举办独立学院,目的在于提高高等教育入学率,推动经济发展。显然,社会福利是政府举办独立学院的目标。首先,可以提高高等教育入学率。1999年6月,国务院颁布了《中共中央国务院关于深化教育改革,全面推进素质教育的决定》,拉开了高等教育大众化的序幕。该决定强调,要在10年内实现高等教育大众化。自此,高等教育入学率就成为评价地方政府政绩的一项重要指标。可以说,在公办高校人满为患的背景下,举办独立学院是提高高等教育入学率的一条捷径。其次,可以推动经济发展。在很长的时间内,GDP的增长状况是衡量地方政府政绩的最重要指标。原因在于,经济的增长是改善人们生活,实现社会发展的主要途径。独立学院是一种新型的高等教育机构,它可以为地方经济的发展提供急需的各类人才,推动地方经济的发展。因此,地方政府积极参与了独立学院的举办。一方面,为独立学院的举办提供各种优惠政策,如土地审批税收优惠等。另一方面,与公办高校合作举办独立学院,如广西工学院鹿山学院等。在此办学模式下,地方政府负责投资建设校园的各项基础设施,公办高校负责教学与管理。

(3)企业。企业是举办独立学院的合作者,包括国有企业、民营企业和校办企业。它们参与举办独立学院的方式基本相同,即投入现金。它们的主要目的是获得经济利益。

目前,国有企业的法人地位基本确立。经过几十年的努力,我国国有企业逐步建立了现代企业制度,即"产权清晰、权责明确、政企分开、管理科学"。我国的国有企业逐步成为市场活动的重要主体,开始按照市场需求组织生产。从法律角度看,国有企业成为"自负盈亏、自主经营"的法人实体。在此背景下,追求经济利益成了国有企业的主要目标。当然,由于存在委托代理关系,社会效益也是国有企业追求的重要目标。特别在非竞争性领域,国有企业还必须考虑国家的整体利益,如通信、银行、铁路等。在此情况下,国有企业将在一定程度上放弃经济利益。然而,举办独立学院属于竞争性领域。众所周知,目前独立学院的竞争比较激烈。一方面,由于生源减少,独立学院必须采取有力的措

---

①熊庆年.对落实高等学校办学自主权的再认识[J].复旦教育论坛,2004(1):65-68.

施吸引学生。否则,就可能"关门大吉"。另一方面,由于劳动力市场逐步形成,独立学院还要提供有竞争力的待遇,以便吸引优秀的师资。国有企业举办独立学院,是为了获得经济利益。一般而言,国有企业与公办高校共同举办独立学院都会签订办学协议。在此协议中,国有企业将通过"分红"获取一定的"合理回报"。

民营企业积极参与了独立学院的举办。随着市场经济体制的逐步建立,我国民营企业也迎来了快速增长期,具备了投资独立学院的能力。1998年,亚洲金融危机爆发。受多种条件的制约,我国的经济总体上并未受到太大影响。然而,作为民营企业,亟须找到能够获得稳定收益的投资项目。在此背景下,独立学院进入了民营企业的视野。因为公办高校积极参与以及举办本科教育,民营企业相信可以获得预期收益。事实上,举办独立学院确实为民营企业带来了较好的收益。一般情况下,在与公办高校合作办学时,民营企业会获得独立学院的剩余控制权和剩余索取权。一方面,民营企业会向独立学院派驻财务总监,对学校财务进行严格控制;另一方面,在与公办高校分享办学的"合理回报"时,民营企业也获得优先权。

校办企业参与举办独立学院,与公办高校的动机趋于一致。原因在于,公办高校拥有校办企业的财产所有权。因此,校办企业必须服从于公办高校的利益。从历史的角度看,我国公办高校与校办企业的关系发生了较大的变化。新中国成立以来,我国公办高校曾多次兴办企业。然而,校办企业真正兴盛于20世纪90年代。校办企业在高校兴起,原因是复杂的。郭建如教授认为,大学再生产的需要给予了校办企业发展的合法性,政府、大学与校办企业之间的"声望等级制"是校办企业得以迅速扩展的关键因素,而校办企业的混合体制有利于校办企业有效地利用这种声望等级制。[①] 校办企业的发展具有重要的意义:一是可以弥补公办高校办学经费的不足;二是加强了大学与社会的联系;三是可以使大学的研究成果迅速地转化为产品。因此,公办高校与校办企业紧密地联系在一起。尽管如此,20世纪90年代末,校办企业还是遇到了许多困难。教育部科技发展中心原副主任李志民认为,其困难主要表现在:校办企业产权关系不顺,学校直接承担企业运营风险;管理体制不规范,学校对企业行政干预过多;缺乏投入"撤出"机制;等等。[②] 在此背景下,校办企业在公办高校逐渐边缘化。经过改制的浪潮,校办企业大都建立了现代企业制度,成为独立的法人。但是,公办高校仍然拥有校办企业的财产所有权,对校办企业的发展具有绝对的话语权。因此,校办企业参与举办独立学院,与公办高校的动机基本上相同。

---

① 郭建如.20世纪90年代大学与校办科技企业的关系及其变动——以北大校办、科技企业为案例的社会学分析[J].高等教育研究,2006(10):26-35.

② 李志民.正确认识 积极推进校办企业改制[J].中国高等教育,2004(2):37-38.

民办高校参与举办独立学院。这里所说的"民办高校",指的是独立设置的民办高校。在与公办高校合作举办独立学院时,民办高校主要提供资金,负责校园的基础建设等。民办高校参与举办独立学院,最主要的目的是提升办学层次。在我国,办学层次对于一所大学具有重大的发展意义。从某种程度上说,它决定了其在我国高教体系中的秩序。经过 20 多年的发展,我国民办高校取得了举世瞩目的成就。然而,受多种因素的制约,民办高校的升本过程举步维艰。黄藤教授指出,民办高校在升本过程中,不仅有严格的数量要求和评审指标,而且民办高校内部也存在很强的排序和竞争关系。[①] 换言之,民办高校依靠自身提升办学层次的困难较大。通过与公办高校合作举办独立学院,民办高校间接获得了本科招生的资格。可以说,这为民办高校的发展创造了机遇。一方面,民办高校获得了举办本科教育的经验。这些经验是公办高校长期办学的结果,也是其生存与发展的重要保证。另一方面,民办高校加深了与公办高校之间的联系。通过共同举办独立学院,民办高校可以与公办高校在人才培养、科学研究、社会服务等方面进行更加深入的合作。

(二)独立学院产权主体之间的博弈

由于产权主体的利益诉求大不相同,因此它们之间存在着博弈。博弈是指在多个决策主体之间行为具有相互作用时,各主体根据所掌握信息及对自身能力的认知,做出有利于自己的决策的一种行为。出资者和独立学院法人是独立学院的产权主体。因此,可将独立学院产权主体之间的博弈分为两类:一是出资者和独立学院法人之间的博弈;二是出资者之间的博弈。鉴于独立学院法人尚未成为真正的主体,因而出资者之间的博弈是其主要方面。

出资者之间的博弈。根据局中人是否存在合作,可以分为合作博弈和非合作博弈。两者的区别是参与人在博弈过程中是否能够达成一个具有约束力的协议。合作博弈是研究人们达成合作时如何分配合作得到的收益,即收益分配问题。非合作博弈则研究人们在利益相互影响的局势中如何选择决策以使自己的收益最大化,即策略选择问题。协议的达成,取决于合作方之间力量的对比和技巧的运用。可见,合作博弈比非合作博弈复杂,理论上的研究还相当薄弱。20 世纪 50 年代,在纳什等人的努力下,非合作博弈理论获得了飞速发展。因此,我们将主要讨论出资者之间的非合作博弈,即出资者如何选择决策以使自己的收益最大化。出资者围绕独立学院的实际控制权展开博弈。公办高校与民营企业共同举办独立学院,这是政策主张的办学模式。在这样的办学模式中,出

---

①黄藤,王冠.关于发展独立学院的政策思考[J].陕西师范大学学报(哲学社会科学版),2004(S1):200 – 202.

资者之间的博弈最为激烈。起初,公办高校参与举办独立学院的最大目的是弥补办学经费的不足。通过签订办学协议,公办高校获得了独立学院学费收入的10%~30%。仅此一项,公办高校就获得了上千万的收入。在合作办学的过程中,公办高校逐渐意识到"与其与投资方合作,将一部分办学结余交给它们,不如通过银行贷款,向银行支付贷款利息,会更有利于发展教育事业"。言下之意,公办高校希望将民营企业从局中剔除,从而获得独立学院的控制权。民营企业投资独立学院,看中的是它可以带来长期的稳定收益。亚洲金融风暴以后,民营企业急于寻找风险较小的投资项目。起初,民营企业大多是把闲置的"不动产"投进来,这是"盘活存量资产"的一条途径,而且可以由参与办学再带动相关行业(如物业管理、餐饮服务等校园经济)的兴旺。在国家政策的要求下,民营企业投资建设了新校区。即便如此,它也通过办学协议获得了一笔不菲的"合理回报"。然而,民营企业逐渐心存不满,不甘心将管理费上交给公办高校。它希望将公办高校从局中剔除,自己掌握独立学院的控制权。可见,只有获得独立学院的控制权,出资者才能实现自己利益的最大化。

公办高校与民营企业的非合作博弈,属于一种典型的囚徒困境。双方都是理性的个体,为了使自身利益最大化,它们都想获得独立学院的控制权。因此,双方都会选择主导策略。从长远的角度看,这种博弈均衡最终可能走向"零和博弈",即双方"分道扬镳"。

综上所述,利益诉求的差异导致出资者之间存在着博弈。相较而言,公办高校与民营企业利益诉求的差异最大,因而它们之间的博弈最为激烈。

第三节 独立学院产权结构的种类及其特征

当前,不同办学模式的独立学院面临着不同的问题。独立学院本身融入了母体高校国有的有形和无形资产,又有民间投资者的民间有形资产,有的还有政府资金的投入等。多种所有制性质不同、表现形式也不同的资产成分融合到一起,使得独立学院的资产构建模式多种多样,较为复杂。从产权角度来分类,由母体高校与自办企业联办或与政府合办的独立学院,由于没有民间社会力量投资办学,可称为国有民营独立学院;与私有企业合作的独立学院,往往具有民营特征,可称为民办独立学院;还有高校、地方政府和企业合作、中外合作、股份制合作、改制模式,可称为混合型独立学院。三类不同产权性质的独立学院在办学中各有利弊。

一、国有民营独立学院

(一)高校独家举办模式

由公办高校独资的独立学院比较多见。值得一提的是,这类独立学院由于办学背景和起始条件不一样,对"六个独立"的政策理解有所不同,执行上的差异也很大,因此在实际运作中各具特点。大多数独立学院是一个相对独立的办学实体,有独立的校园、独立的财务和专职教师,并进行相对独立的办学。还有少数独立学院不具备上述条件,有的独立学院只是公办高校的一个二级学院管理机构,而不是办学实体。

总体而言,这些独立学院大多并不坚持独立的法人地位,多以母体高校隶属二级学院身份和以发放母体高校学历文凭来吸引生源。但在办学过程中却因坚持不同的办学思路,而有不同的表现。如有的强调"独立",坚持建设独立的校区、独立进行财务核算,引入民办机制,根据市场需求进行人才培养模式的变革,依托公办高校进行相对独立的教育教学管理。但是这种独立意识并不稳定,往往受到来自母体高校作为"全资股东"在学校经营和管理决策方面的影响,在实质办学上复制母体高校的专业设置和教学计划,套用公办高校惯用的教学模式和办学机制。还有的则完全依附于母体高校,没有独立的教学用地、教学设施乃至教学组织,以"一校两制"对外招生宣传,招收来的学生分散于母体高校的各个系部,即常言的"校中校"模式。

可见,这类模式的优点在于,可以和母体高校实现资源实质性共享,在师资、管理和设备等方面获得母体高校的全力支持,尤其在产权归属、资源分配上不易发生争执,在办学理念、教育过程和管理方式上容易形成共识。这类模式的缺点是难以广泛调动社会办学力量,不能充分地利用社会高等教育资源,难以形成办学特色,与产业结合不够紧密,人才培养容易简单模仿套用母体高校的做法;而且此类独立学院在校园建设上存在问题——有的没有独立校园,或者校园面积极其有限,导致未来发展的空间受到极大的限制,也难以办出高水平的独立学院。在独立学院中,最初采用此类办学模式的比例相当高。

(二)高校与地方政府合作举办模式

"公办高校+政府"办学模式的优点是地方政府充分地利用本地区的经济优势吸引著名公办高校一起办学。公办高校提供办学需要的教学资源,政府作为其办学的坚强后盾,在政策倾斜方面具有极大的潜力,如解决办学过程中资金、土地、师资聘请和校园设施建设等问题。因此,这类独立学院具有很大的发展空间。此外,异地政府举办的独立学院,也有利于扩大母体高校的影响力,在异地他乡打造更响亮的教学品牌。这类学院办学自主权也较大。这种模式的不足之处是母体高校与独立学院相距太远,花费的交通成本较高;独立学院与母体的交流受到时空限制;当地政府对学院的资金投入在一定程度上也会受到区域经济发展状况的限制。

(三)校校合作举办模式

校校合作模式主要有两种类型。

一是公办高校与公办高校联合举办。如石家庄经济学院华信学院(现河北地质大学华信学院),它是由石家庄经济学院(现河北地质大学)与河北省邮电学校共同组建的一所多科性二级学院。成立之初由石家庄经济学院统一管理,所开设的专业严格按石家庄经济学院的教学计划开展教学,毕业发放石家庄经济学院的毕业证和学位证。

二是由公办高校与民办高校联办。如山西医科大学晋祠学院,由山西医科大学与山西中日友好学院(经山西省教育厅批准的以医学为主的民办综合性高等院校)强强联手,优势互补,合作创办。以这种模式举办起来的学校同样具有独立法人地位,以依托申办方为主,独立办学。

可以看出,校校合作模式的优势在于各合作主体都是具有一定影响的高校,教育资源的整合比较得心应手,不同风格的办学理念、经验、风气相互融合,有利于独立学院的发展,有利于办出特色。[1]

二、民营独立学院

这类独立学院主要是高校与民营企业合作举办。目前,我国的独立学院大多数采用这种办学模式。这种模式由高校负责教学和管理,一般是由效益好、品牌响、资金雄厚的公司企业来投入资金。这种办学模式较典型的有复旦大学太平洋金融学院、山西师范大学现代文理学院、苏州大学文正学院等。这些学院能充分利用公办大学的品牌和师资、企业开放的营运机制、高校的管理模式。有的高校采用与单一民营企业合作方式,有的则采用与两家甚至多家民营企业合作,以壮大投资的总量和规模。当然,也有的民营企业同时投资几所高校的独立学院。

这种办学模式的优点是能够充分地利用公办大学的品牌优势和丰富的教学与管理经验,以及优秀的师资队伍,利用企业巨大的资本和市场化的理念进行办学。在高校财政投入相对不足而企业能够提供建设资金的情况下,独立学院仍然可以办学,且提高了办学效率,增强了适应社会发展的能力。在某种程度上,这是一种双赢的选择。

---

[1]徐建平,黄佩飞,邹键.公有民办二级学院办学模式研究[J].现代教育科学(高教研究),2003(1):7-10.

这类独立学院也有潜在的矛盾与利益冲突。企业介入教育领域,主要是看好教育这一巨大的市场,希望通过办学获得收益,因此,在独立学院的产权归属、利益分配、管理权限等方面留下隐患。特别是由于母体高校要派遣优秀教师教学和提供学校品牌,会索取一定的回报,而企业也会要求教育投资的回报。当两者同时存在并要求回报增大的时候,将会影响独立学院资金的运转,更严重的是将影响独立学院办学规模的发展,也有可能在办学理念和管理方式上产生矛盾分歧。另外,政府支持力度相对不足,民营资本的投资力度相对单薄,会导致资本的趋利性与教育的公益性、非营利性之间的矛盾出现。从长远来看,这类独立学院的投资风险相对较大,在扣除所依托的高等院校利益和投资者的合理回报之后,独立学院可持续发展的财力和后劲亦有所不足。① 在这种条件下,高校独立学院要办出高水平难度相当大,并且自我发展和自我完善的功能不够健全,发展的潜力相对有限。

三、混合型独立学院

(一)高校、地方政府与企业合作举办模式

目前采用这种模式的学院也比较多,所取得的成效也较为明显。比较典型的有浙江大学城市学院,它是教育部批准的首批二级学院,被教育部誉为我国独立学院的典范。它是由浙江大学、杭州市人民政府和浙江省电信实业集团公司三方共同举办的,学院实行股份制和董事会领导下的院长负责制。② 校董会由三方代表组成,浙江大学校长担任学院董事会董事长,杭州市副市长担任法人代表与副董事长,浙江大学与杭州市政府各三人,浙江省电信实业集团公司两人。

这类模式兼具高校与企业合作举办模式、高校与地方政府合作举办模式的特点,地方政府的投资不要求资金回报,投资方则不参与学院内部管理。但是,这种办学模式与公办二级学院模式或公有民办形式较为相似,缺少普遍推广意义。另外,这种模式的明显不足是,由于办学主体较多,关系非常复杂,如何处理三者的关系显得相当重要。

(二)中外合作举办模式

中外合作的办学模式可以借鉴国外有益的办学经验和先进的教学内容,引进国内短缺的高层次人才,有利于高校吸引外资创办新型独立学院,加快高校的开放性办学进程,

①张勇传,齐铁锋.中国大陆高校独立学院的类型结构分析[J].黄河科技大学学报,2005(4):9-12.
②关红霞.独立学院内部运行机制研究[D].武汉理工大学,2006.

加速独立学院的国际化发展进程。这种模式的缺点是整个管理操作起来难度较大,也不容易寻找到合适的外国教育集团或机构。同时,我国相关的中外合作办学政策还处于不断的探索和完善之中。

(三)股份制合作模式

股份制合作模式最突出的特点是学校产权较为明晰,跳出了以往纠缠不清的"公办还是民办"的怪圈。从理论上讲,股份制合作模式体现了现代企业制度的特点,符合社会发展的趋势。可以预料,伴随着社会主义市场经济体制的进一步完善和我国现代企业制度的逐步形成,股份制合作模式的影响将越来越广泛,发展空间也将越来越广阔。作为一种全新的办学模式,其将成为诸多办学模式中特点最为鲜明的一种模式。[1] 当然,股份制合作模式面临的困难也很多,其中不可忽视的是,学校毕竟不同于企业,股份制作为一种运作方式适用于经济活动,但未必就完全适用于教育领域。在企业,员工就是雇员。但在学校里,无论公办学校还是民办学校,恐怕就不能把受教育者单纯看作雇员。若这些关系处理不当,也会带来一定的困扰。

股份制合作模式也有成功的范例,如重庆工商大学融智学院。它是由中国经济日报报业集团、证券日报社、北京融智兴业投资管理有限公司与重庆工商大学按新机制、新模式联合举办的本科层次的全日制独立学院,采取董事会领导下的院长负责制,协调利益关系,规划学校的发展。它集重庆工商大学的办学经验与合作方的专家、媒体、市场信息和金融企业关系等方面的优质资源,为学生提供优势的现代化学习条件和实习基地。办学多年来,该学院进行了大规模的专业创新,学生就业前景较好。

(四)改制模式

这些改制的学校原本具有一定的规模和办学基础,但在发展过程中或缺乏资金,或缺乏办学经验,或管理体制僵化,或只为曲线争上本科,于是选择输入独立学院办学模式,依托有实力的公办高校,以新的面貌面向市场,自主办学。

尽管在实践中存在着多种独立学院的办学模式,但教育部在针对独立学院的办学规范中,却较为强调学校与企事业单位合作的模式,对高校独立举办模式未加肯定。办学模式多样化是独立学院发展的内在要求,是全国各地高校因地制宜的必然结果。千篇一律地强求一种模式并不符合中国的国情。独立学院各种模式之间,从实质上看,是一种优势互补与整合,从而实现了高等教育的快速发展。独立学院在选择办学模式的时候,

---

①高峰,吕忠堂.五种新型办学模式利弊解析[J].当代教育科学,2004(5):18-19+31.

应遵循实事求是的原则,采取相应的办学模式。独立学院多种办学模式的实践,为中国高等教育的进一步改革与发展提供了宝贵的经验。随着经验的不断积累,相信在办学实践中会逐步形成较为规范的模式。

第四节 独立学院的产权分割

一、独立学院产权分割的必要性

所谓产权分割,是指将多人共有的财产权利进行劈分。独立学院由公办高校与合作方共同举办。在没有进行资产过户的条件下,独立学院的财产权利由双方共同享有。这是一种典型的"合伙制"组织,出资者共同经营,共负盈亏,并且承担组织的无限责任。随着时间的推移,"合伙制"越来越难以适应独立学院发展的需要。

(一)出资者承担无限风险

这是"合伙制"组织的最大缺陷。举办一所独立学院,出资者至少需要几亿元的投入。为了保障独立学院的基本建设,"26号令"规定:"参与举办独立学院的社会组织,应当具有法人资格。注册资金不低于5 000万元,总资产不少于3亿元,净资产不少于1.2亿元,资产负债率低于60%。"然而,独立学院的办学并不是一帆风顺的,还会面临着各种风险。其中,最大的风险就是生源枯竭。随着人口出生率的逐年降低,我国部分高校已经出现了招生困难。如果独立学院因生源枯竭而破产,出资者就必须承担其所有债务。显然,这种风险不是公办高校和合作方所愿意承担的。

(二)单个出资者的权力过大

这将导致独立学院发展的不稳定。《中华人民共和国合伙企业法》规定,"合伙人在合伙企业清算前私自转移或者处分合伙企业财产的,合伙企业不得以此对抗善意第三人";"除合伙协议另有约定外,合伙人向合伙人以外的人转让其在合伙企业中的全部或者部分财产份额时,须经其他合伙人一致同意"。部分出资者私自转让独立学院的财产,已经引起了独立学院发展的不稳定。例如,部分民办企业在未获得公办高校同意的前提下,将独立学院的资产转让给他人,造成了国有资产的大量流失。

(三)融资困难

这将导致独立学院缺乏发展所必需的资金。高等教育是一项花费巨大的事业,如校舍、土地使用权、实验室、图书、教师福利等。公办高校的资金来源包括财政拨款、学费、捐赠等。与公办高校不同,独立学院的办学资金主要来源于学费收入。对此,部分公办高校首先划去一定的比例作为"合理回报",这种现象以国有民营独立学院较为突出。这就导致独立学院的办学经费极为紧张。为了搞好必要的基础建设,独立学院不得不向银行贷款。作为"合伙制"组织的出资者,必须将自己在独立学院的部分资产拿来抵押,并承担相应的风险。然而,出资者并不愿意承担此类风险,导致独立学院融资比较困难。事实上,国家也禁止出资者这样做。"26 号令"规定:独立学院存续期间,所有资产由独立学院依法管理和使用,任何组织和个人不得侵占。

综上所述,独立学院只有具备法人财产权,才能有效降低出资者的风险,使出资者的收益最大化。独立学院可以采取股份制的组织形态,它实现了出资者的所有权与经营权的分离。顾美玲教授指出,"教育股份合作制"是民办教育的一种值得提倡的组织形态。[①]我们认为,它对独立学院的发展也具有很好的借鉴意义。

二、独立学院的产权分割面临的问题

(一) 出资者的所有权不明确

出资者的所有权不明确,是导致出资者不愿意将资产过户到独立学院名下的主要原因。从政策的角度看有如下表现。

1. 出资者没有剩余索取权

出资者将资产过户到独立学院名下,实现了所有权和经营权的分离。独立学院获得法人财产权,其实质是财产的经营权(也称为"控制权")。现代企业发展的历史告诉我们,出资者之所以愿意将经营权让渡给企业法人,唯一原因是追求利润的最大化。公司法人制度的产生,是适应社会化大生产的需要。在社会化大生产的背景下,为了在激烈竞争的环境中获得优势,企业需要更多的资金以扩大规模,出资者要求降低资金风险。于是,公司法人制度产生了。大家一起投资企业,并承担有限风险。换言之,只有承认出资者的剩余索取权,他们才有动力将资产过户到独立学院。然而,"26 号令"没有承认出资者的剩余索取权,所谓"合理回报"仅限于"奖励"。

2. 终极所有权不明确

出资者将资产过户到独立学院名下,享有剩余资产的分配权。在独立学院因故破产或解散清算时,当其资产满足了债权人的清偿权后,出资者有权参与独立学院剩余资产

[①]顾美玲. 对民办教育立法中校产归属问题的思考[J]. 教育研究,2001(9):31 - 34.

的分配。出资者享有该项权利的大小,依其所持有独立学院股份的多少而不同。出资者负有限责任,即在独立学院因经营不善而破产的时候,出资者的责任以其所持股份的金额为限。如此,既能保障出资者的权利,还能实现对出资者的有效约束。然而,"26 号令"至今没有明确出资者的终极所有权。其第 51 条规定:"独立学院终止时,在妥善安置在校学生后,按照《民办教育促进法》的有关规定进行财务清算和财产清偿。"然而,"有关规定"至今没有出台。

(二)法人治理结构不完善

法人治理结构不完善,是导致独立学院法人财产权难以延续的主要原因。独立学院的法人治理,其关键在于协调好出资者、办学者、教师、学生等利益相关者之间的关系。目前,独立学院法人治理结构主要由董事会和院长组成。大致来看,在以下方面存在突出问题。

1. 董事会

董事会与出资者存在委托—代理关系。董事会存在的目的就是保障出资者的权利。依据政策规定,董事会享有决定独立学院重大发展事项的权利,如发展规划、院长的选聘等。换言之,它是独立学院的决策机构。然而,董事会并没有很好地履行自己的职能。部分独立学院至今没有设置董事会,学院的重大事项由母体高校决策;部分独立学院的董事会形同虚设,董事会的责权利不明确;部分独立学院的董事会随意干涉院长的办学,院长没有办学权;部分独立学院的董事会随意抽调学院资金进行其他营利活动。吴国萍指出,独立学院普遍存在董事会缺失、董事会虚设、董事会越位、董事会错位等问题,严重影响其正常发展。[1]

2. 院长

院长与董事会也存在委托—代理关系。院长存在的目的就是实现董事会的决策。根据政策规定,院长负责独立学院的教育教学和行政管理工作,如人事任免、专业设置、招生计划、年度预算、年终决算等。简言之,它是独立学院的执行机构。优秀的校长对于大学的发展具有重大的意义,例如民国时期北京大学的蔡元培。在蔡元培的带领下,北京大学秉承"兼容并蓄"的办学理念,开一时之风气。究其原因,这与蔡元培享有一定的办学自主权是分不开的。然而,独立学院的院长还没有这样的权力。部分独立学院的院长权力甚少,办学权受到董事会的极大限制,形同虚设;部分独立学院的院长由母体高校的副校长担任,实际上对独立学院的发展不闻不问。

---

[1]吴国萍,梁君.高校独立学院董事会制度建设[J].改革与战略,2005(6):69 - 71.

综上所述,由于出资者所有权不明确,相当一部分出资者不愿意将资产过户到独立学院名下,导致独立学院没有法人财产权。在独立学院拥有法人财产权后,法人治理结构不完善的问题又困扰着独立学院的发展。如果这些问题不解决,独立学院的产权分割就很难顺利地进行。

三、独立学院产权分割的障碍

独立学院产权分割困难,是由多方面因素造成的。其中既有历史的原因,也有现实的困扰。从历史的角度看,独立学院是一种新的事物。

从现实的角度看,阻碍独立学院产权分割的因素相当复杂。大致看来,主要包括以下几个方面。

(一)民办教育能否营利的争论

支持者认为,教育的公益性与营利性不存在矛盾。潘懋元教授指出,对民办高校举办者的营利,不能采取对待一般企业营利的政策,应持更宽容的态度……简单地说,就是以优惠换投资,鼓励发展民办高等教育。[①] 换言之,如果民办高校的举办者不能从中获利,他们就不会投资高等教育。反对者认为,教育的公益性与营利性水火不容。如果出资者追逐利润,势必影响民办教育的公益性,造成教育不公平。他们指出,相关法律早已明确,教育不得以营利为目的。如果民办高校存在营利行为,就有悖于法律的基本精神。我国的民办教育政策是按照捐资办学的逻辑制定的,强调法人财产权而忽视出资者的所有权。即使出资者获得"合理回报",也仅仅是奖励。简言之,如果没有厘清人们的认识,出资者的剩余索取权就很难获得大家的认同。当然,这些争论也影响到独立学院的产权分割。如果按照捐资办学的逻辑,出资者就没有财产所有权。出资者一旦将资产过户到独立学院,也就意味着放弃了财产权利。这是出资者不愿意看到的。

(二)出资者的投入比较复杂

长期以来,我国高等教育的投入比较单一。一般而言,公办高校的经费来源主要是财政拨款,而民办高校则依赖于学费维持生存。为了适应高等教育大众化的要求,许多高校走上了举债办学的道路。2007 年 3 月 19 日,吉林大学财务处在校园网上发布了《关于召开征集解决学校财务困难建议座谈会的通知》,指出吉林大学负债高达30 亿元。相较而言,独立学院的出资者是多样的:既有法人,也有自然人;既有公办高校,也有企业、

---

①潘懋元,邬大光,别敦荣.我国民办高等教育发展的第三条道路[J].高等教育研究,2012,33(4):1-8.

政府、个人。它们的出资方式也是不一样的,包括现金、土地使用权等。其中,公办高校一般用无形资产参与举办独立学院,如校名、管理经验等。从理论上说,出资者应该依据其出资比例获得独立学院的剩余索取权。然而,由于无形资产评估的不成熟,导致合作双方在出资比例上相持不下,以至于诉诸法律。另外,独立学院的资产还有相当一部分来自贷款、学费和捐赠等。简而言之,要想实现资产过户,就必须对独立学院的资产进行评估。冯向东教授指出,清资核产、明晰产权是独立学院穿越"十字路口"的首要任务。①

(三)出资者的利益诉求并不相同

独立学院的出资者是多样的,既有公办高校,又有企业、政府、个人、民办高校等。其中,一部分出资者是为了获取利润,如企业、个人;另一部分出资者是为了社会福利,如政府。根据出资者的所有权性质,可以将独立学院主要分为国有民营、公有民营和混合民营三类。如果说国有民营、公有民营独立学院的出资者利益诉求相对一致,那么混合民营独立学院的出资者的利益冲突就极其明显。在一定的时间内,公办高校举办独立学院是为了获取利润。然而随着时间的推移,已经有相当一部分公办高校表示可以放弃回报。相对而言,民营企业的目标从未改变,即获取利润。这就不仅导致双方在办学决策上发生冲突,还会影响到独立学院的产权分割。从产权分割的角度看,独立学院主要可以分为两类,即出资者要求取得"合理回报"与不要求取得"合理回报"。部分独立学院中,公办高校主张放弃"合理回报",而民营企业要求"合理回报"。双方在独立学院的发展道路上争持不下,影响了独立学院的发展。

(四)缺乏监督与激励机制

独立学院存在委托—代理关系,主要有出资者与董事会、董事会与院长。其中,出资者是委托者,董事会是委托者兼代理者,院长则是代理者。出资者将经营权委托给代理者,其目的是在保障社会福利的前提下,实现利润的最大化。为此,出资者应该制定适当的监督和激励机制,以实现自身的利益。在现代公司中,监理会是一个相对独立的机构,承担了监督董事会和经理的职责。如果董事和经理没有恪尽职守,监理会有权向股东大会报告情况。然而,独立学院缺乏相应的机构设置,对董事和院长的监督还非常薄弱。激励代理者,是保障委托人利益实现的重要手段。现代公司激励经理的手段是多样的,如年薪制、分红、股权等。如果说年薪制还可能导致经理的短期行为,那么股权、分红等手段则迫使经理着眼于企业的长远发展。但是,独立学院还缺乏相应的激励机制。多数

---

①冯向东.处在"十字路口"的独立学院[J].高等教育研究,2011,32(6):36-41.

独立学院的院长按月领取薪水,也不享有任何分红的权利。监督和激励机制的缺乏,将导致独立学院法人治理结构的失衡。这并不利于独立学院的发展。

综上所述,独立学院的产权分割还面临着诸多的障碍。如果这些障碍不清除,独立学院的产权分割就无法顺利进行。

四、独立学院产权分割的现实矛盾

产权分割是我国独立学院走向"独立"的必由之路。由于"依附",独立学院一直面临着诸多的非议,其自身的效率也在下降。为了促进独立学院的发展,2010年国家正式出台了《国家中长期教育改革和发展规划纲要(2010—2020年)》。它将"两分法"视为解决民办教育产权(包括独立学院产权)问题的主要路径。我们认为,在相当长的历史时期内,应该将"三分法"作为我国独立学院产权分割的办法。这是一种比较务实的做法,它与独立学院面临的现实矛盾是分不开的。

(一)高等教育需求强劲

1.需求强劲是我国高等教育发展面临的最大实际

1999年,我国实施了高等教育大众化政策,人民群众的高等教育需求得到了一定程度的满足。有关统计数据显示,1998年我国的高等教育入学率仅为9.8%,而2009年这一数字已经达到24.2%。换言之,通过十年的努力,我国高等教育入学率提高了约15个百分点,进入了高等教育大众化阶段。然而,人们接受高等教育的需求依然强烈。主要表现在如下几点。

(1)各地高等教育发展不平衡。经济发达地区的高等教育毛入学率远远超过了经济落后地区。有关资料显示,2010年广西的高等教育入学率仅为19%,而上海早已进入了高等教育普及化阶段。

(2)高等教育入学率依然较低。据统计,2010年我国高等教育入学率为26.5%,离高等教育普及化还有一段很长的路要走。

(3)本科教育的规模比较小。众所周知,我国是一个典型的"学历社会",因此,人民群众更趋向于接受本科教育。然而,我国本科教育的规模还比较小。据统计,2010年,我国普通本科在校生数为12 656 132人,约占普通本专科总数的56.7%。总的来说,我们必须增加高等教育供给,满足人民群众的需求。

2.发展独立学院是增加我国高等教育供给的必然选择

增加高等教育供给的方式有两种,即"内涵式扩张"和"外延式扩张"。所谓"内涵式扩张"是指高校通过挖掘自身的潜力,扩大招生规模;所谓"外延式扩张",是指设置新的高校,扩大招生规模。改革开放以来,两种供给方式在我国高等教育领域交替实行。

1978—1998 年,"内涵式扩张"占据主导地位。当时,我国主要通过挖掘公办高校自身的潜力,增加高等教育供给。据统计,1994 年,我国普通高校的校均规模为 2 591 人,至 1998 年达到 3 335 人。这一时期,高等教育入学率提高缓慢,我国依然处于高等教育"精英教育"阶段。

1999 年以后,"外延式扩张"开始占据主导地位。这一时期,一方面我国通过"合并、划转、撤销"等方式,使普通高校的校均规模快速扩大。据统计,2010 年我国普通高校的校均规模达到 9 298 人,约为 1998 年的 3 倍。另一方面,我国设置了一批新的高等学校。据统计,1999 年我国有普通高等学校 1 071 所,2010 年则达到了 2 358 所,十年间增加了一倍多。这一时期,高等教育入学率提高迅速,我国进入了高等教育大众化阶段。到 2017 年,我国民办高校共有 747 所,在全国高等教育学校中的占比达到 28.59%,在校生总数达到 628.46 万人,在全国高等教育学校中的占比达到 16.63%。

目前,如果要扩大高等教育的供给,我国就只能走"外延式扩张"的道路。一般认为,普通高校的规模以 8 000 人左右为宜。闵维方教授指出,7 800 人是综合性大学的最佳规模。事实上,我国普通高校的校均规模已经相当庞大,部分高校号称"十万人大学",学校的管理效率不容乐观。如果要走"外延式扩张"的道路,就只能大力发展独立学院。一方面,国家财力不足,大量设置新的公办高校不太现实;另一方面,独立设置的民办高校受多方面因素的制约,还处于我国高等教育格局的边缘。直言之,我们必须大力发展独立学院,增加我国的高等教育供给。

3."三分法"为我国独立学院的发展提供了政策空间

独立学院的创立和运行离不开政策的支持。20 世纪 90 年代,我国独立学院开始崛起。目前,独立学院究竟兴起于何时,学术界依然存在争议。然而,独立学院在江苏浙江一带蓬勃发展,还是得到了大家的认同。独立学院之所以在江浙一带兴起,不仅源于该地雄厚的民间资本、人们对优质高等教育的渴求,还源于当地政府的大力支持。浙江大学城市学院首任院长鲁世杰指出,浙江大学城市学院的兴办有两大优势,即名校办学和政府支持。① 为了加快该校的建设,杭州市政府根据"急事急办,特事特办"的原则,采取超常规的方式,只用了不到 3 个月的时间就完成了 5.5 万平方米校舍的建设任务。该校的创办得到了教育部领导的首肯,并鼓励创办者"摸着石头过河"。如果没有教育部领导的首肯,该校很难完成创建。浙江大学城市学院由浙江大学、杭州市人民政府合作创办。换言之,该校的举办者是国家机关和国有事业单位,经费来源主要是财政性经费。显然,

---

① 鲁世杰.优质高等教育资源如何扩张——以浙江大学城市学院为例[J].团结,2002(2):26-28+19.

这与《民办高等学校设置暂行规定》并不相符。如果说独立学院的创办得到了领导的扶持,那么其运行则基于政策的支持。"三分法"将民办教育分为三类进行管理,即捐资办学、出资者不要求获得"合理回报"、出资者要求获得"合理回报"。事实上,独立学院主要有两类,即出资者不要求获得"合理回报"和出资者要求获得"合理回报"。换言之,"三分法"为独立学院的运行提供了政策基础。

(二)高等教育经费短缺

1. 经费短缺是我国高等教育发展面临的主要难题

众所周知,高等教育是一项花费巨大的事业。师资、实验设备、学生宿舍、图书资料等,都需要花费大量的经费。可以说,如果没有足够的经费,高等教育就难以有较好的发展。事实上,经费短缺是世界上所有国家的大学面临的共同难题。相较而言,我国高等教育经费短缺的问题更为突出。1989 年,顾清扬通过对多个国家的数据进行统计分析后得出结论:我国高等教育经费无论是总量水平还是人均水平均低于同等发达国家的平均值。① 2010 年,我国财政性教育经费依然没有实现占 GDP 的 4% 的目标。当然,高等教育经费短缺的原因比较复杂。黄福涛认为,高等教育的本质属性和职能特点、有限的资金投入与不断增长的高等教育需求之间的矛盾、高等教育研究职能的不断扩展和加强、适龄入学人口的急剧变化、高等教育经费负担类型与资金筹措渠道等是其基本原因。② 对于我国高等教育而言,这些也是导致其经费短缺的主要方面。例如,我国的经费来源主要依赖于政府的财政性投入。随着高等教育大众化步伐的加快,仅仅依靠财政投入远远无法满足我国高等教育发展的需要。总而言之,我们必须广开门路,为我国高等教育的发展筹措经费。

2. 举办独立学院是解决我国高等教育经费短缺问题的有力措施

目前,我国高等教育经费来源主要有国家财政性教育经费、民办学校中举办者的投入、社会捐赠经费、事业收入等。据统计,2019 年,全国高等教育经费总投入为 13 464 亿元,比上年增长 11.99% 。其中,普通高职高专教育经费总投入为 2 402 亿元,比上年增长 11.25% 。

换言之,国家财政性教育经费拨款和事业收入是我国高等学校经费的主要来源,约占总量的 92.23% 。然而,它们在短期内不可能出现快速增长。一方面,国家的财力是有限的。就财政经费的外部分配而言,政府还要在基础建设、社会保障等方面加大投入,以

---

① 顾清扬. 我国高等教育经费的国际比较[J]. 高等教育研究,1989(3):42-48.
② 黄福涛. 世界性高教经费短缺的基本原因浅析[J]. 现代教育论丛,1997(2):39-42.

增强人民的幸福感。另一方面,学费已经比较昂贵。随着改革开放的逐渐深入,人民群众的可支配收入也在增加。国家统计局的数据显示,2010 年城镇居民人均可支配收入为 19 109 元,农村居民人均纯收入 5 919 元。

目前,高等学校的学费多为 5 000 元左右。如果继续提高学费,多数家庭将难以负担。独立学院的举办,有效地缓解了我国高等教育经费短缺的问题。2010 年,我国共有独立学院 300 余所,在校学生 200 多万人。这些学校的兴建,多数依靠民间资本的投入,满足了人民群众渴望接受优质高等教育的需要。在不加大国家财政负担的同时,增加了我国高等教育的供给。

3."三分法"为人们举办独立学院提供了动力

如前所述,人们举办独立学院的动机是不一样的。公办高校是为了获得回报、扩大规模、加快改革等,政府主要是为了提高高等教育入学率,民营企业则是为了获利等。可将独立学院分为两类进行管理,即出资者不要求获得"合理回报"和出资者要求获得"合理回报"。对于出资者不要求获得"合理回报"的独立学院,享受与独立设置民办高校一样的优惠政策;对于出资者要求获得"合理回报"的独立学院,出资者则按照相关规定获得"合理回报"。

(1)出资者不要求获得"合理回报"的独立学院,多为公办高校与政府合作举办。由于享受更多的政策,这类独立学院发展比较迅速,如浙江大学城市学院。据介绍,浙江大学与杭州市政府都不要求从该校获得"合理回报"。目前,该校已经形成了一定的规模,培养学生质量比较高,受到学生和家长的喜爱,发展势头良好。

(2)出资者要求获得"合理回报"的独立学院,多为公办高校与企业合作举办。相较于独立设置的民办高校,由于得到公办高校的大力协助,这类独立学院也能享受较多的优惠政策。例如,将其注册为事业单位,可以免除大量税费。事实上,这类独立学院发展也比较迅速,如广西师范大学漓江学院。据介绍,尽管建校只有 10 余年,该校的资产已经达到 3.8 亿元。其中,企业通过办学获得了不菲的回报,广西师范大学每年也可获得几千万元的收益。

概言之,"三分法"满足了出资者的需求,为独立学院的发展提供了动力。

(三)产权主体的多元化

1. 产权主体多元化是我国独立学院的主要特征

产权主体多元化是指独立学院的出资者有两个及以上。从办学体制的角度出发,可将我国普通高等学校分为三类,即公办高校、独立设置的民办高校和独立学院。公办高校的资金来源主要是国家财政性教育经费,其内部管理由国家委托的校长负责。独立设置的民办高校经历了两个阶段。起初,它主要依赖于学费收入;现在,它的经费来源主要是民营企业的投资。在内部管理上,它主要实行董事会领导下的校长负责制。与前两者不同,独立学院的资金来源是多样的。根据政策规定,它由公办高校与企业等多个主体利用非财政性经费共同举办。也就是说,前两者的出资者只有一个,即国家或者民营企业,而独立学院的出资者至少有两个。

产权主体的多元化,在为独立学院带来活力的同时,也为其带来了烦恼。一方面,如果没有产权主体的多元化,独立学院就不可能获得快速的发展。多个主体共同举办独立学院,使其获得了"公办"与"民办"两种体制的优势。例如,独立学院可以直接举办本科层次教育。然而,独立设置的民办高校却有着严格的政策限制,因而黄藤教授将其视为"政策歧视"。另一方面,按照政策规定,独立学院应该由公办高校与民营企业共同举办。然而,公办高校与民营企业的利益诉求并不一样,导致了独立学院管理效率的下降。因此,我们应该制定科学的制度,提高独立学院的产权效率。

2."两分法"无益于独立学院产权效率的提高

根据"两分法",它以办学结余和剩余资产的分配为标准,将我国的独立学院分为营利性和非营利性两类。目前来看,这种做法是行不通的。

(1)如果独立学院归属于营利性阵营,那么就必须照章纳税。对于独立学院而言,这将是一笔沉重的负担。独立学院目前还处于起步期,亟须大量资金用于建设。据陈学飞教授的调查,浙江省多数学校没有达到500亩的校园面积要求。如果建设新校区,至少需花费5亿元。独立学院走营利性的道路,很难行得通。

(2)如果独立学院归属于非营利性阵营,那么出资者就必须放弃产权。对于出资者来说,这意味着捐资办学。事实上,出资者兴办独立学院,多数还是为了获得回报。从某种程度上说,如果不能获得回报,出资者都不会有举办独立学院的兴趣。独立学院走非营利性的道路,也难行得通。

可以想象,如果按照"两分法"对独立学院进行管理,出资者很可能撤资。那么,独立学院蓬勃发展的局面将很难延续下去。因此,我们应该根据产权主体多元化的特点,为独立学院预留更多的政策空间,以增强其发展的活力。

3."三分法"有利于提高独立学院的产权效率

根据"三分法",独立学院可以归为两类,即出资者不要求获得"合理回报"和出资者要求获得"合理回报"。如果出资者不要求获得"合理回报",独立学院可以享受多种政策优惠,如税收、国家资助、土地使用权等。对于此类独立学院,出资者虽然没有获得经济回报,但可以获得良好的社会效益。如果出资者要求获得"合理回报",独立学院可以享受一定的优惠政策,如政府资助等。对于此类独立学院,出资者根据相关法律规定,提取"合理回报"。事实上,这类独立学院占总量的多数,也引起了人们很多的争议。究其原因,多年来部分人一直纠结于民办教育"公益性"与"营利性"之间的矛盾。他们根据法律的相关规定,认为"教育不能以营利为目的",甚至主张"民办教育不能有营利行为"。对此,别敦荣教授指出,"公益性"是指教育目的,而"营利性"是指教育结果,两者描述的对象是不同的。可见,我们可以把民办教育的营利行为看作其维持公益性的手段。这是一种务实的观点。总而言之,"三分法"有利于满足主体多元化的利益诉求,也将有利于独立学院产权效率的提高。

(四)办学模式的多样化

1. 办学模式多样化是独立学院的重要特征

潘懋元教授指出,高等教育办学模式是指在一定的历史条件下,以一定办学思想为指导,在办学实践中逐步形成的规范化的结构形态和运行机制。它是有关办学体制、投资体制、管理体制与高等学校之间形成的相对稳定的权力结构和关系。从中我们可以发现,办学模式是由办学思想、办学体制、投资体制、管理体制等多个要素构成。1949—1978 年,我国高等教育的办学模式比较单一,国家是唯一的办学主体。改革开放后,社会力量开始投资高等教育。在此背景下,我国高等教育可以分为两类,即公办高等教育和民办高等教育。两者在办学思想、办学体制等方面都是泾渭分明的。然而,这种分类的缺点也比较突出。公办高校的效率一直为人们所诟病,而独立设置的民办高校的办学质量处于我国高等教育的边缘。可以说,独立学院是我国高等教育两种办学类别的一次融合,有利于发挥两者的长处。如前所述,独立学院的兴起具有重要意义,它是我国高教办学体制改革的一次创举,缓解了我国高等教育的矛盾,促进了经济社会的发展。由于产权主体的多元化,决定了独立学院办学模式的多样化。目前,独立学院的办学模式主要有国有民营、公有民营和混合民营三类。不同的办学模式,其产权结构的安排是不一样的,办学效率自然不同。独立学院在办学模式方面的探索,将对我国高等教育办学体制的改革产生重要影响。

2. "两分法"无益于独立学院办学模式多样化的探索

根据"两分法",独立学院的如下几种办学模式都难以生存。

(1)国有民营独立学院。它主要由公办高校与校办企业共同举办,两者按照约定获得"合理回报"。如果它走营利性的道路,那么就必须照章纳税;如果它走非营利性的道路,那么不仅要放弃"合理回报",还要放弃所有权。如果选择第一条道路,学校的负担会比较沉重,公办高校获得回报的难度将加大;如果选择第二条道路,公办高校不仅不能获得回报,还会涉及国有资产的转让,手续复杂。事实上,公办高校举办此类独立学院的主要目的就是获得回报。那么,国有民营独立学院只能回归母体高校,此类办学模式走向消亡。

(2)公有民营独立学院。它主要由公办高校与当地政府合作举办,两者按照约定获得"合理回报"。事实上,多数地方政府还表示将放弃回报。尽管如此,在"两分法"的规制下,它也将走向消亡。究其原因,它与国有民营独立学院面临着相同的问题。

(3)混合民营独立学院。它主要由公办高校与民营企业共同举办,双方按照约定获得合理回报。如果它选择第一条道路,那么也必须照章纳税,双方获得回报的空间将被极大地压缩;如果它选择第二条道路,企业就变成了捐资办学,公办高校也不能获得回报。在此条件下,此类办学模式也会走向消亡。

因此,我们应该实施更加灵活的政策,为独立学院探索多样化的办学模式创造条件。

3."三分法"有利于独立学院探索多样化的办学模式

从某种程度上说,办学模式决定了一个国家高等教育体系的活力。目前,独立学院的办学模式主要有三类,即国有民营、公有民营和混合民营。"三分法"为我国独立学院办学模式的多样化提供了政策基础。它以"合理回报"为主要标准,将我国独立学院分为两类,即出资者不要求获得"合理回报"和出资者要求获得"合理回报"。独立学院可以对其进行选择。如果没有"三分法",独立学院也就失去了存在的合法性。

综上所述,在相当长的历史时期内,应该将"三分法"作为我国独立学院产权分割的办法。可以说,这是基于我国高等教育发展现状的一种慎重选择。

第六章

职业院校产权制度改革的思考

第一节　职业院校产权制度变革的意识形态束缚

一、混淆所有制和产权制度

单一的计划经济模式和单一的公有制形式,让人们普遍产生了错觉,觉得一提产权就是搞资本主义,就是削弱公有制,主张私有化。其表现在理论研究和社会实践中,即往往将所有制和产权混为一谈,将产权制度和一般社会管理制度混淆。其反映在教育领域也是如此,如对教育民营化问题的认识,对教育市场化、教育产业化等问题的认识,都存在着对产权的误读现象。其中,误读的原因之一就在于将产权与所有权和所有制问题混淆。其实,界定教育性质的维度是多元的,教育资源为谁所有,为谁支配,为谁服务,培养什么样的人等都可以成为界定其性质的标准。其中,教育资源为谁所有,是所有制研究关注的问题,也是资社论的主要研究标准。

在许多语境中,产权制度概念与所有制概念会发生替代或混淆的现象,两者有密切关系但又不完全相同。所有制是指生产资料等归个人、阶级、集团或社会所有的制度,所有制是社会生产关系的总和。在所有制中,最重要的是财产关系或财产关系的法律形式——财产所有权,产权是所有制的核心。产权制度和所有制的区别在于,在同一所有制背景下可以存在多种产权制度安排,不同的所有制也可以采用同样的产权制度得以实现。例如,股份制既可以作为公有制的实现方式,也可以作为私有制的实现方式。产权制度设计的是所有制的实现形式,推进公有制的产权制度改革,不一定以改变公有制的性质和主体地位为前提。尽管产权制度与所有制关系密切,但所有制是从所有权的角度界定生产资料的归属。而产权制度并不仅仅反映所有权,它更多地反映所有权的多种分割和组合形态。因此,所有制形式也并不完全决定产权制度的具体形态,同一种所有制可能有多种不同的产权配置模式。对于马克思主义来说,所有制是社会制度中最核心的内容,但它是就社会资料的总体占有、分配而言的,是属于意识形态范畴的概念。产权虽然受到所有制形态的制约,但是产权不仅仅指向所有权问题,而更多地指向所有权状态下的各种产权权能的配置。

产权是一种经济学概念,而不是一种意识形态的概念。公有制的实现形式是多元化的,其中产权制度的灵活安排就是这种多元化实现中的一个重要途径。就教育的供给而言,产权探讨的是在资源稀缺的前提下如何配置社会教育资源和资产的使用、占有和决策才更有效率的问题。无论谁出资、谁拥有,都会面临着产权安排的问题。产权不是意识形态中的核心问题,在意识形态中最受关注的是教育资源为谁所有和教育为谁服务的问题。传统的教育管理体制和办学体制的缺陷表现为:一是严守意识形态至上的思想,二是不尊重普遍存在的社会教育权利,三是没有明晰的产权界定,四是过分关注意识形态化的所有制形态。所有这些缺陷都与对所有制和产权关系理解的简单化有关,从而造成了管理体制和办学体制的僵化,使我国的教育长期不能真正地面向社会,面向民众丰富多彩的选择。这种现象其实是更大范围的教育不公平。

从外部性来看,教育基本上属于"公私可选择领域",实质上,在绝大多数社会领域都不是公私间选择的绝对对立。在现实社会生活中,纯粹的公共物品(即具有强烈的非排他性和非竞争性)是很少的,许多领域都是公私可以共同参与的。而且许多领域本身既具有公共物品的某些特性,也具有私人物品的某些特性,即在外部性上呈现出公私两种品质。因此,允许私人进入教育领域,并不是对我国公有制社会制度的损害,也不是社会主义教育发生异变的标志。

二、混淆教育主权与教育产权

教育主权是指国家在教育事业和教育领域的最高权力,它体现为一个国家在决定教育领域中的问题和事务时所具有的独立的排他性的权力。教育主权与教育产权问题是矛盾的吗?产权多元化的产权制度变革是否意味着国家教育主权的失落,是否意味着国家统一的教育目标和教育价值的失落?在我国长期的社会实践中,我们将教育主权仅仅理解为政府主权,而将产权仅仅理解为国家所有权。而在事实上,教育产权变革不是对国家公有制的变更,也不是对国家教育主权的变更。教育活动是培养人的活动,其中蕴涵着一个国家、一个民族的信仰、价值追求和民族统一政治取向等重大的国家目标,因此,教育并不是纯粹的个人行为,这是问题的起源。而这个问题在事实上是不存在的。不加限定地讨论教育主权显然是空泛的。教育的国家主权不等于政府主权,不等于只有政府直接承担国家使命才是国家主权的体现,因此,在这样一个基础上谈教育主权是荒诞的。

教育产权是指社会各主体对学校财产生成的各种权利,包括财产的占有、使用、支配、收益等权利。单纯从"谁所有,谁支配"原则出发,的确会引发教育活动的许多随意性。因为教育是一个综合性的活动,如果私人学校举办,则私人是否可以支配学校的教学内容,即教学内容是不是学校的财产?如果是,则学校有权支配学校的教育内容,这可能会损害教育的国家目标。但是在宪政社会中,任何权利的规定和运行也都有自己的规则,都需要基于一个统一的国家和民族的制度空间,也就是说,这些权利都是在宪政之下的权利。它们是不能超越于这些基于国家利益而确定的规范的。因此,不能将产权多元化变革与教育主权或者国家教育控制权简单对立起来。

第二节 职业院校产权制度变革的基本范式缺陷

一、制度供给滞后于制度需求

我国的制度变迁"偏重于制度的需求分析是学术界运用制度经济学研究我国改革进程的一大特色……然而,对于由一个权力中心决定制度安排的基本框架并遵循自上而下的制度变迁原则的国家来说,以上推导(指制度变迁的制度需求决定论)未免过于简单。其实,我国的改革固然受制度需求的影响,但在更大程度上受制于权力中心在既定的政治经济秩序下提供新的制度安排的能力和意愿"[1]。也就是说,中国制度变革的基本范式是自上而下的政府主导的强制性变革。

而张宇对中国改革开放以来的制度变迁做了如下归纳:①自发性改革。社会个体和部门基于自身利益最大化的需要,突破原有制度安排的框架约束,自我设计和实施一种社会经济实现方式,这一阶段的个体化的制度突破往往与政策和一般社会习惯相违背。②政府默许。在政策界限不明、行为规则尚未建立的新的领域,部分人和单位自行创制新的制度安排。基于没有依据的标准,而政府并不明确表示反对或支持。③支持自发改革。给予民间的制度创新以一定的自由。④政府政策推行。将来自民间的制度实验和制度创新以政府认可和政府政策的形式予以推行实施。如果说这个模式是符合事实逻辑的话,那么这是一种诱致性和强制性变迁结合得很好的例证。虽然说,诱致性和强制性变迁在现实的制度变迁中是有机结合的,将其中任何一种形式从真实的制度变迁活动中剥离出去,实际上也是很难做到的。一般的模式都呈现出实践—理论—政策的过程,这与马克思主义的辩证唯物主义思想是相一致的。

但是由于诱致性变迁的初级行动团体在民间,因而其时滞性强。在大多数情况下,诱致性变迁有一个较长的博弈过程,社会为之付出的博弈成本和机会成本较高。我国教育变革中的许多制度都是来自民间的自发的诱致性变迁,如私立学校的兴起、股份制学校改革、特色学校的建立、国有教育的改制、民办二级学院的创办等。

---

①杨瑞龙.面对制度之规[M].北京:中国发展出版社,2000:3.

虽然诱致性教育制度的变迁使我国的教育变革在很大程度上达成了一些制度变迁目标,但从中也可看出,因制度效应呈现过程的周期过长,造成了社会机会成本很高的状况。这一点或许很少受到社会的普遍关注。尽管教育制度的变革需要整个制度环境的变革约束,但是,我们的教育变革也应该有自己的变革逻辑。

在制度变革过程中,政府存在由于自身的能力限制,以及行政方式上的传统缺陷,还有在传统集权模式下因成为受益主体而不愿意主动进行制度变迁的问题。尤其是在意识形态严重约束政府行为时,政府进行制度变迁的积极性受到严重限制,政府主动实施的教育制度变革显得十分薄弱。在教育管理体制中,基于权力重新分配形成的新的产权制度,必然会影响社会某些利益群体的利益,包括政府。在集权制度背景下,政府将学校产权的所有权能和一般教育行政管理的权能集于一身。这种权力的垄断,造成了办学体制的一元化,在学校中必然不能反映社会各主体的产权要求,同时造成教育活动脱离于人民的视野。当人们的产权不能具体地反映在学校制度中的时候,期待人民关心它、爱护它显然是荒唐的。

中央政府和地方政府推进产权制度变迁的动力和积极性是不一样的。当民办教育兴起的时候,政府还在彷徨,甚至一些地方政府采取各种不当政策予以限制和压制。这在某种程度上体现了在我国改革开放过程中,长期存在着社会和市场自发变革事实在先,制度安排合法化在后,社会和市场客观上推着制度安排走的现象。这或许是诱致性制度变迁的一个必然形式,但其代价却是巨大的,大量的先行者因此而陷入制度安排与创新矛盾的陷阱。《中国青年报》曾报道的上海首位拥有留洋博士学位的中小学校长因所办学校产权模糊而被判刑便是其中的一例。

二、制度学习与制度创新错位

在我国教育产权制度创制实践过程中,存在着几种不良的倾向:一是产权法权化解读造成产权制度变革的禁锢,二是以西化制度作为本土制度的评价标准,三是制度规范制约制度创新。

首先,我国产权制度变革过程中的一些矛盾和问题与对产权概念的解读缺陷有关。产权是一个比较复杂的概念,经过多年的探讨,在西方经济学的产权研究领域,得到较为广泛认可的是由于物的存在及关于它们的使用所引起的人们之间的相互认可的行为关系。与法律意义上的财产权不同,经济学意义上的产权是一个非常宽泛的范畴,它是可以用法律明确规范的,也是可以由社会约定俗成的。经济学所要研究的应是事实存在的合法权利,而不是所有者拥有的合法权利,即经济学应该研究事实权利而不是法定权利。

在罗马法和日耳曼法传统中,产权与所有权概念对等。强调物的所有而不是物的利用,这是现代法权中的产权界定倾向,而经济学上的产权是围绕着物的事实存在形态界定的。由此,可以将产权分解为所有权、占有权、使用权、处置权、控制权、收益权等,并可以将一物之不同权能配置于不同的产权主体,在产权界定上强调所有权的相对性和利用性以及团体主义。但是很遗憾的是,在我国的产权理论研究过程中,许多人奉行简单的拿来主义,把法律关于财产权的解释作为产权的定义和内容。

将产权视为"严格地或简单地由法律设定的权利",不加区别地加以发挥和阐释,使得我们的产权理论研究中呈现出了许多与产权风马牛不相及的研究命题和逻辑,结果不仅大大歪曲或限制了产权分析的解释功能与应用范围,也导致了理论与实践上的许多偏颇。在教育体制变革的过程中,许多来自民间的有益的实践探索,如学校股份制实践、学校改制等,都蕴涵着对传统产权制度框架的突破。对这些现象的认识,不能简单地用法权意义上的所有权概念来进行界定,否则会扼杀来自民间的教育制度创新的积极性。

其次,西方产权制度的学习和引入,一如其他制度的引入,都存在着制度与国情是否相容的问题。制度变迁理论认为,正式制度受非正式制度的制约,当正式制度和非正式制度不相容时,正式制度就会流于形式,或者在执行中发生变形,甚至形同虚设,如一纸空文。正如罗伯逊和沃尔特曼指出的那样:"当政策被剥离其诞生的体制结构与政治文化环境时,即使按照原样采用,它也会产生令人惊讶的、事与愿违的后果。"因此,在学习和引进西方产权制度的过程中,必须关注它与我国长期形成的非正式社会制度的相容性问题。尤其是在教育领域,我国许多教育传统思想和传统的制度观念根深蒂固,它们具有深厚的乡土性。在将基于西方发达国家社会发展背景而形成的产权制度引入我国教育变革的过程中,必然存在着冲突和矛盾。

最后,在我国的教育变革和制度转型的过程中,还存在着一种误区,就是试图以制度的一次性改变替代制度的不断调整和创新。人们总是试图通过长期酝酿推出一个一劳永逸的制度,这种制度创制的观念显然与社会实践是不相符合的。当我们试图揭示产权制度这一范畴时,我们不得不处理的是预先包含在制度变革范畴里面的创新与规范辩证关系。因为既成的产权制度变革一方面是将教育实践成功的经验规范化,另一方面又可能对未来的教育创新形成约束。因此,教育产权制度变革在意味着新的规范取代旧的规范的同时,更意味着教育产权制度创新的不间断性。产权制度的变革应与社会生产力、社会文化、政治诸结构的变革同步,甚至在很多时候,制度应当是适度超前的,因为制度本身具有导引性。这一点在我国的教育制度变革中是不明显的。当我们既有的制度规范已经严重束缚我们的实践需要的时候,我们的很多制度创制仍在彷徨和犹豫之中,这就延缓了改革的速度,降低了改革的效率。关于民办教育实践与其制度创制之间的错位就是一个明证。

第三节　职业院校产权制度实践的信誉基础缺失

教育产权制度既是一种激励性制度,同时也是一种约束性制度。教育产权的激励机制表现为促进外部性内在化,而教育产权制度的约束机制则表现为对违反产权规则的行为的法律惩治和社会道德批判。当产权制度不完善或者存在着缺陷的时候,这种制度的激励和约束机制就会受到限制,甚至形成相反的功效。

在我国传统的产权制度背景下以及教育产权变革的过程中,存在着许多损害教育信誉,形成教育不良社会影响的现象,具体表现为在教育领域普遍存在着的机会主义和道德冒险问题,其中有些现象与我国教育产权制度本身的缺陷是有关系的。

首先,在我国的学校制度规范中,非营利性学校的一元化制度模式导致了资本寻利性和教育公益性之间的矛盾。对所有学校教育活动的剩余索取权的剥夺,必然会排斥相当一部分社会资金进入教育领域。进入教育领域的社会资金会因为制度的非均衡而导致获利机会的存在。学校组织的剩余是真切存在的,它的形态有货币、知识和无形资产等。尽管在政策和法律中有不得营利的声明,但寻利者可以以一些非规范化、非公开化的方式将剩余扩散、转移、分配。另外,学校内部人员可以利用专用资产和专有权力徇私舞弊,如利用公产营私、利用文凭舞弊等。

学校的产出有其特殊性,导致剩余具有隐蔽性、滞后性,加之派生的收益不能被显性化、货币化,剩余不容易被察觉。因此,尽管非营利性在法律上是学校教育产权制度的规范之一,但是在事实上营利性现象却是大量存在的。社会教育投资活动是与民间教育资本的存量规模相适应的,国外非营利性民办和私立学校是基于雄厚的民间教育资本而生成的。我国现阶段的民间教育资本并不丰富,制度环境以及道德发育水平并未给社会非营利性办学提供广阔的空间,非营利性民办学校实质上存在利润空间。公立学校虽然不具有营利性,剩余索取权的基础不存在,但是却因为制度约束的脆弱而导致利用国有教育资产和资源谋取私人利润活动的存在。由于这种营利性是在非正常状态下即利用机会主义和付诸道德冒险行为生成的,因此其对教育信誉的破坏是更为严重的。如果在学校系统中,在制度上承认营利性学校和非营利性学校的存在,国家可以根据不同的制度予以规范,而社会市场也可以对其进行有效的监督。尤其是营利性学校更多地依赖市场机制生存,其自身的约束就是最大的制约机制。

其次,在我国教育产权制度变革过程中,由于制度转型期制度真空的大量存在,国有教育财产受到私人损害的现象也大量存在,从而也强化了教育领域中的信誉基础缺损。在我国教育管理体制变革中,在所有权和经营权分离的情况下,逐渐出现了所有权弱化,经营者机会主义和道德冒险行为涌动的现象。学校经营者将国有教育资源和资产作为投机的资本,为自己和小团体牟取私利,屡禁不止的学校乱收费现象就是表现之一,利用国有资产进行非法投资经营的现象也并不少见。这种营利性经营的所得没有进入国有资产所有者手中或学校扩大规模提升质量的再发展过程。因此,变相地造成了国有资产的流失。在学校中,由于学校资源和资产被大量投入经营性营利性活动,冲击了正常的教育教学秩序,造成了学校教育教学质量和教育效益下滑。

最后,教育领域信誉基础的缺损还来自国家和政府对社会个人教育财产的不当管理和损害。一个有效的产权制度首先具有保护功能,对合法的个人财产的有效保护更是体现了有效产权制度的功能。

新古典经济学认为,健全的法律制度是维护和推进交易的唯一的必要条件,法律、制度通过提供合约的执行机制使得劳动分工和交易得以进行,如果没有法律对合同的执行,人们之间的交易就很难进行。但新制度经济学,特别是博弈论和信息经济学证明,法律制度的作用被大大地夸大了,即使不借助于国家的权威,非正式的合约也可以支持交易的进行。社会必须制定出一系列的规则、守法程序和行为的道德伦理规范,来约束追求主体福利或效用最大化的个人行为,从而形成自由选择、自愿交换、公平竞争、风险自负、激励相容的市场秩序。这些规则包含三个层次:一是宪法秩序,它是用于界定生产交换和分配的一整套政治、社会和法律的基本规则,为集体选择确立了原则;二是制度安排,它是在宪法秩序下约束特定行为模式和关系、界定交换条件的一系列操作性规则,包括成文法、习惯法和自愿性契约;三是社会伦理道德规范,它源于人们对现实的理解和意识形态,是与对实现契约关系的正义或公平的判断相联系的,它对于赋予宪法制序和制度安排的合法性、有效性是至关重要的。产权制度是一个综合性的制度体系,它包括法律政策,也包括习俗和习惯。产权实施的土壤是对产权的法律保护以及对产权的伦理道德的尊重。

第四节　国有教育资产管理的制度误区

传统的国有教育资产管理体制是在计划经济体制以及高度集权的行政管理体制下形成的,其特点表现如下。

一、政府国有资产代理职能与行政职能合一

国有教育资产管理与政府教育行政管理活动合为一体。其成因在于,传统办学体制

确立了单一的公有制学校制度,教育投入和办学是单一的政府活动,社会正规教育活动中的资产基本来源于国家,国有教育资产处于垄断地位。同时由于实行的是所有权和经营权一体化办学模式,因此,使政府对国有教育资产的管理与行政管理合为一体成为可能。在国家教育管理体制走向民主化,投资体制和办学体制走向多元化的过程中,由于国有教育资产在教育活动中不再处于垄断地位,各种所有制形式的教育资产进入到办学过程。在此背景下,教育行政管理职能和国有资产管理职能混合,就会造成政府以游戏成员和游戏裁判两种角色进入同一个游戏中。造成的直接后果有二:一是对国有教育资产非专业化的不规范的管理,使国有资产管理分散于国家教育行政的各个管理部门中,造成国有资产管理主体虚设,从而使国家教育资产营运效率低下和国有教育资产流失等。二是所有权对经营权的过度干预,政校不分,政资不分。政府有多方面的社会职能:其一是作为国有资产的所有者代表,履行国有资产所有者职能;其二是作为社会行政管理的主体,履行社会管理的职能。在国有资产的管理上,政府只能以所有者的身份或者说以产权为基础对国有资产进行管理。从这种意义上说,政府是以一个社会民事主体的身份出现的。如果在同一项管理活动中,政府既作为超越一般社会主体的管理者身份出现,同时又以国有资产所有者身份出现,就会产生一系列问题。其中最主要、最直接的就是政企不分,反映在教育领域就是政校不分。政府把学校当作自己的附属物,以行政隶属关系取代产权民事关系,以行政管理权取代产权管理,学校没有独立的产权主体地位。由于行政管理活动与资产管理活动没有分离,使得行政管理活动往往渗透到学校教育资产运行的领域,从而造成对学校产权配置的行政干预,尤其是对学校非国有资产的非法干预。

众所周知,中国的市场经济体制能否形成,首先要看具有竞争性的市场主体能否形成,表现在教育领域,即只有学校法律实体的存在才有可能。就目前大多数国立学校而言,它们还没有找到一种合适的体制,因而很大程度上还依赖于各种形式的国家软预算保护,这使得它们并没有形成更强的竞争动力。如果它们独立法律主体的身份能在完整意义上被承认,那么对于教育领域形成比较充分的有效的市场竞争是有着举足轻重的意义的。在这方面,政府职能转变首先是一个前提性条件,即如果政府的教育行政管理职能和国有资产管理职能有效分离而且各种职能管理到位,则必定会促进教育市场竞争环境的进一步改善。

二、国有教育资产多头管理和条块分割

国有教育资产多头管理和条块分割会造成国有教育资产管理主体多元化与所有者缺位并存的矛盾现象。由于国立学校采取了国家代理的形式,而国家又委托各级各类政府部门代理行使国有资产所有权,使得统一的国有资产所有权权能被分割。在我国国有

资产的管理体制中,国有资产初始划拨权在财政系统和计划部门,管理权在教育行政部门,人事管理在人事部门,管人、管资产与管事互相分离。这些部门都以所有者代表身份出现,各自按自己的设计和利益行使所有权职能,造成政出多门、多头管理等问题。加之学校无独立法人资格,实际上造成国有资产所有者主体虚设和缺位。在我国学校的长期产权实践中,公办学校的产权归属既完整又单一。一方面,国家作为投资主体,享有学校的大部分所有权;另一方面,公办学校除了所有权名义上归属国家外,在事实上,它的所有权、使用权、占有权、支配权、处分权等往往没有明确的相应主体来承担。其具体表现为,一是资产所有者职能不到位,即缺少具体而明确的机构来承担学校国有资产的所有者职能。在学校国有资产处置、投资等体现所有权职能等问题上,普遍存在政府多头管理、职能重叠、政出多门的现象,从而造成学校国有资产既多主所有又无人负责的矛盾。二是学校作为法人实体,法人财产主体地位没有明确,没有建立起相应的法人财产主体行为的激励和约束机制,从而造成学校产权归属不清,产权激励机制不完善。

因此,教育产权制度变革要取得成功,必须使政府行政管理职能和资产所有者职能进行合理分离,在政府内部构建专业化、系统化的国有资产管理机构,使政府教育行政管理职能和国有资产管理职能都能得到有效发挥。对公共教育的资产进行管理,是政府教育职能中的重要内容。公共教育中的国有资产是全民所有资产,按逻辑推理,国有资产所有权的主体是全国人民代表大会,但在实践中可由人民代表大会授权委托政府代理管理国有资产所有权。这是一种委托—代理关系,委托人是资产的最终所有者,拥有产权的最终所有权;代理人政府作为享有国有资产的直接监护者、管理者,具有资产产权的支配、处置、使用和分配的直接管理权力。

第五节　产权制度法律规范实践的局限

教育产权制度的法律实践存在着一定的局限,表现有二。

(1)产权立法实践比较薄弱。关于教育领域中财产的法律规范创制存在着许多空白,许多法律规范仅有纲目,而缺乏操作性和实践性,并且对在办学体制中出现的许多涉及产权问题的新现象,缺乏有效的普遍解释力。如股份制小学问题就已经涉及了与传统产权制度边界冲突的问题,但是在法律规范中找不到对其进行有效界定的条文。当沿海许多地区将其当成一种新生事物积极探索的时候,《中华人民共和国民办教育促进法实施条例》对此类办学模式进行了异常模糊的界定,该条例第8条规定:"不得向社会公开募集资金举办民办学校。"该项规定实际上存在着许多歧义,何谓公开? 何谓不公开? 对于正在实践中的股份制办学而言,该规定显然没有给出明确的答案,只能给实践带来更多的困惑。而上海陈孝大事件更是反映了我国产权制度法律实现的脆弱。

(2)守法和执法意识淡薄。在教育领域,守法精神和执法观念普遍缺失,这是一个长期存在于我国法制建设中的问题,教育法律法规也因此被冠以软性法律规范。教育领域存在着产权遭受侵害的两种倾向,第一种是国有教育产权遭到私人非法侵害。侵害者有政府也有社会,如许多以改制名义进行的学校私有化,其实就是通过一些正常的或非正常的途径将国有教育资产转变为私人资产,并利用机会主义进行营利性教育教学活动。第二种是私人产权遭到国家和政府非法侵害。之所以会出现产权守法和执法中的许多问题,原因之一也在于法律规范的不完善。在我国的法律实践中,曾在很长时期内存在着重视国家财产保护而忽视私人财产保护的严重缺陷,这在很大程度上导致了我国产权制度社会效应的缺失。法律不仅要保证国家公共利益的实现,而且要保障私人的利益,包括私人的财产。对私人财产和私人产权的损害和破坏,在一个法律不健全的社会中是屡见不鲜的事情。其中,国家和政府依靠其强制性公权对公民私人权利,包括产权的破坏是最常见的现象。尤其是这种破坏经常是借公共利益的名义进行的。因此,正如孟德斯鸠所言:"在有关公共利益的问题上,公共利益绝不是用政治性的法律或法规去剥夺个人的财产,或是削减哪怕是它最微小的一部分。在这种场合,必须严格遵守民法,民法是财产的保障。"

我国教育产权的法律实现具体体现在国家的各种法律制度中,包括民法、宪法、合同法、公司法、教育专门法律以及其他有关法律法规中。但是一些专门法律并没有突显出其教育产权规范的实践意义。如《民办教育促进法》第46条规定"民办学校享有国家规定的税收优惠政策",但是对于不同的学校是否应当获得相同的优惠,对取得"合理回报"者和不要"合理回报"者需不需要区分这种优惠政策,并没有给予充分的界定。目前向民办学校收税的税种有学校所得税、城镇土地使用税、耕地占用税、城建税、房产税、交通附加税等。依照我国现行税法的有关规定,不管任何税种都不以公立学校还是民办学校为界。但是在实践中,许多民办学校并不能真正地享受到与公办学校一样的优惠政策。

按理说,法律既不是产权存在的充分条件,也不是必要条件(巴泽尔,1997)。在任何社会,由法律规定和解释的权利只是社会普遍存在的权利的一部分,甚至是一小部分,产权更多是由社会文化、习俗、伦理道德来支撑和维持的。个人行为的多变性、偏好的多样性以及交易的复杂性和丰富性,使财产权的法律结构不能准确地反映和完全地包容客观现实中的权利关系。产权本身具有保护各类财产的功能,但是试图通过产权的界定以及人们对产权的道德和伦理上的尊重来实现是不够的。在一个治理有序的社会中,不可能完全依赖道德自律来尊重对方的权利,并承担自己的义务和责任。机会主义和道德冒险行为的克服是需要正式制度的约束的。对于教育领域中的各类财产的保护和各种产权权利的保护,是产权真正生发效应的所在。当产权权利在社会各主体间被清楚界定的前提下,同样会存在着大量侵犯权利的情况。对这种侵犯行为,人们可以根据产权达成对产权关系的调整,也可以通过各种交易将冲突和矛盾化解。但是只有产权制度被上升为社会中最高和最完备的社会契约形式,即以国家机器为基础的法律制度时,产权的保护才是最有效的。

从效率角度出发,法律制度是一种基于节约交易成本的社会治理模式。首先,法律制度是一种预防产权损害行为发生的告示性制度,它具有教育性和预防性。这是法律制度积极作为的一面。其次,通过强力性国家机器对产权违法行为进行相应的惩罚。法律制度对产权的保护是通过强制惩罚一切破坏现有法定产权关系的行为而实现的,国家履行保护和界定产权的强制性权力。这是国家意志的体现。因此,法律上的产权制度是具有特别保护力的。在事后处理产权矛盾、纠纷和违法现象时,法律制度也是节约交易成本的,是无须经过每一个当事人的重复交易和博弈就能达成的一种调解。

参考文献

[1]张茂林.民办高校法人治理存在的问题及其完善[J].法制博览,2018(32):278.

[2]王艺静,肖德法.我国民办高校的法人治理结构及优化路径[J].黑龙江高教研究,2019,37(8):98-101.

[3]王斌彬.新形势下民办高校法人治理结构研究[J].才智,2018(32).

[4]严晓蕾.我国民办高校法人治理现状调查与分析[J].文学教育,2018(下):162-163.

[5]王真.浅析营利性民办高校法人治理结构的构建[J].中国经贸导刊(中),2019(6):93-94.

[6]刘三华.《民办教育促进法》修改背景下民办高校教职工权益保障问题研究[J].西部素质教育,2017,3(12):13-14.

[7]余中根.《民办教育促进法》修正案的理解与思考[J].渭南师范学院学报,2017,32(7):35-40.

[8]王一涛,石猛,王磊.《民办教育促进法修正案》对我国民办高等教育基本格局的影响[J].浙江树人大学学报(人文社会科学),2017,17(2):11-17.

[9]李连宁.《中华人民共和国民办教育促进法》修订要为民办教育发展提供法律保障[J].教育与职业,2016(5):5-7.

[10]徐绪卿,王一涛.民办学校产权制度的确立与明晰——对《民办教育促进法实施条例》修订的建议[J].教育与经济,2018(3):9-13+19.

[11]李承先.高等职业教育新论[M].北京:中国书籍出版社,2018.

[12]李进.新中国高等职业教育发展纪实[M].上海:上海教育出版社,2013.

[13]周建松.创新发展高等职业教育的浙江样本[M].杭州:浙江工商大学出版社,2015.

[14]徐国庆.从分等到分类——职业教育改革发展之路[M].上海:华东师范大学出版社,2018.

[15]龚森.改革开放以来福建高等职业教育的改革与发展研究[M].福州:福建教育出版社,2016.

[16]贺星岳.现代高职的产教融合范式[M].杭州:浙江大学出版社,2015.

[17]约拉姆·巴泽尔.产权的经济分析[M].费方域,段毅才,钱敏,译.上海:格致出版社,2017.

[18]张端鸿.中国公立大学法人治理结构研究[D].复旦大学,2013.